Ernst Bibra

Wackere Frauen

1. Band

Ernst Bibra

Wackere Frauen
1. Band

ISBN/EAN: 9783743464179

Hergestellt in Europa, USA, Kanada, Australien, Japan

Cover: Foto ©ninafisch / pixelio.de

Manufactured and distributed by brebook publishing software (www.brebook.com)

Ernst Bibra

Wackere Frauen

Wackere Frauen.

Erster Band.

Wackere Frauen.

Roman

von

Ernst Freiherrn von Bibra.

Erster Band.

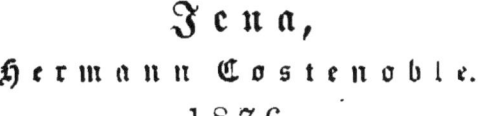

Jena,
Hermann Costenoble.
1876.

Kapitel I.

Wie die kleine Malintzin sollte ums Leben gebracht
werden, wie Tecapani sich in sie verliebte, von gewaltigen
Zeichen am Himmel und anderen Vorbedeutungen.

In gewaltigen, riesenhaften Massen hob sich
ein pyramidenähnliches Gebäude empor zum nächt=
lichen Himmel, und warf weithin über die Ebene
seinen tiefdunklen Schatten.

Helles, klares Mondlicht begrenzte diesen
Schatten, und fast dicht an demselben glänzte in
bläulichem Schimmer ein See, auf dessen Ober=
fläche, ruhig und klar, das Spiegelbild des Mondes
schwamm.

In weiterer Ferne aber zeigten sich, unregel=
mäßig vertheilt auf der monderhellten Fläche,
größere und kleinere dunkle Stellen, Wald vielleicht,
vielleicht Felsengruppen, oder Haufwerke mensch=
licher Wohnungen.

Bisweilen wurde die tiefe nächtliche Stille unterbrochen durch ein leises, geheimnißvolles Rauschen, wohl herrührend von einem leichten Hauche des Nachtwindes, der draußen, in der Ebene, mit den Bäumen flüsterte, oder dessen Fittige die gigantischen Formen des Bauwerkes streiften.

Jetzt aber vernahm man ein leichtes Geräusch, und sah aus dem Schatten, der weithin über der Landschaft lag, drei Personen hervorkommen, und stumm und schweigend sich dem Gebäude nähern.

Es war ein Mann, der voran ging, ihm folgte ein Kind, ein etwa zwölfjähriges Mädchen, und eine Frau machte den Schluß der drei Herankommenden.

Der Voranschreitende trug einen, am Halse mit einer Schließe befestigten Mantel von buntem Baumwollenzeuge, welcher mit manchfachen Trotteln und Fransen geziert war. Um die Hüften hatte er ein buntfarbiges Tuch geschlungen, und seine Füße waren mit Sandalen bekleidet, welche mit Bändern oberhalb der Knöchel befestigt waren.

Die Kleidung der Frau bestand aus einer Art von Hemde ohne Aermel, aber mit Stickerei und Fransen geziert. Sie trug zwei solcher Hemden übereinander, das obere kürzer als das untere, und unter diesem letztern einen einfarbigen, lichtblauen

Rock, welcher vom Gürtel bis auf die Knöchel
reichte. Gleich dem Manne trug sie Sandalen;
während aber der Mann das Haupthaar in Zöpfe
geflochten hatte, flatterte das ihrige frei über die
Schultern. Beide aber, der Mann so wie das
Weib, hatten keinerlei Kopfbedeckung.

Das Mädchen war ganz ähnlich wie die Frau
gekleidet, ersichtlich aber war ihr Anzug von feinerem
Stoffe, und sorgfältiger gearbeitet.

Ohne ein Wort zu wechseln waren die nächt=
lichen Wanderer fast bis zum Fuße des Gebäudes
gelangt.

Der gigantische Bau glich, wie schon erwähnt,
einer Pyramide, das letzte Drittel desselben fehlte
aber, und war durch ein Plateau ersetzt, auf welchem,
wie es schien, kleinere Gebäude errichtet waren,
und das eine Art von Brustwehr umgab.

Man gelangte zu diesem Plateau über eine
Anzahl von Terrassen, deren fünf bis sechs Klafter
hohe Wände schief anstiegen, und deren Platform
vier oder fünf Schritte Breite hatte. Die Ver=
bindung dieser Terrassen unter sich aber war her=
gestellt durch schmale, steile Steintreppen mit fast
unverhältnißmäßig hohen Stufen.

So helle aber auch die Strahlen des Mondes
den kiesigen Boden rings umher beleuchteten, so

ertheilten sie der Pyramide selbst doch nur einen matten, grauen, fast unheimlichen Ton, und nur die schmalen, wohl aus hellerem Gesteine gearbeiteten, aufwärts führenden Treppen traten lichter hervor.

Am Fuße der untersten Treppe angelangt blieb der Mann stehen.

„Hinauf!" sagte die Frau.

Der Mann schien zu zögern, das kleine Mädchen aber schauerte ersichtlich, und warf einen bebenden, angstvollen Blick auf die Frau.

„Hinauf!" gebot jetzt diese mit herrischem Tone zum zweiten Male.

Aufwärts steigend gehorchte der Mann, und das Kind folgte ihm, indem es mit Mühe die Stufen erkletterte, während die Frau sich dicht hinter ihm hielt, vielleicht um es zu schützen, wenn es straucheln sollte, vielleicht um seine etwaige Flucht zu verhindern.

Das Keuchen des Kindes, dessen mächtige Erschöpfung andeutend, veranlaßte sie jetzt, ihm eine kurze Rast zu gönnen, bald aber befahl sie ihm wieder weiter aufwärts zu klimmen. Als sie aber etwa ein Drittel der Höhe der Pyramide erreicht hatten, schien sie nicht weiter aufwärts steigen zu wollen, sondern schritt jetzt, ihren beiden Begleitern

vorangehend, auf der Platform der Terrasse gegen
Rechts hin weiter.

Dann machte sie Halt.

„Hier!" sagte sie.

Es lag ein Todesurtheil in dem Tone, mit
welchem sie dieses einzige Wort aussprach, und
kaum hätte sie nöthig gehabt, abwärts zeigend,
hinzuzusetzen:

„Und dann, da hinunter!"

Das kleine Mädchen hob flehend die gefalteten
Hände empor zu der Frau.

Der Fuß der Pyramide grenzte hier an eine
tiefe Schlucht, an einen Abgrund, der schwarz und
unheimlich sich zu den Füßen der Hinabblickenden
öffnete.

Hier, und dann, da hinunter!

Die Frau zog jetzt ein Messer aus ihrem Ge=
wande, ein Messer mit etwa spannenlanger, scharf
gekrümmter Klinge aus einem Metalle, welches
goldgelb glänzte, während der Griff aus einem
einzigen grünen Steine gefertigt und mit in den=
selben geschnittenen Figuren versehen war.

„Das ist Dein Erbtheil!" sagte die Frau mit
furchtbarem Lächeln, indem sie die Hand nach dem
Kinde ausstreckte, welches jetzt aber nicht mehr, Er=
barmen suchend, die Hände zu ihr aufhob, sondern,

die Arme auf der Brust gekreuzt, mit gesenktem Haupte und in sein Schicksal ergeben vor ihr stand. Der Mann indessen, welcher, wie es schien, bisher nur widerstrebend sich in den Willen des Weibes gefügt, hatte jetzt offenbar einen Entschluß gefaßt.

Er hielt schirmend seinen Arm vor die Be= drohte und sagte:

„Ixtolochtila! lasse das arme Ding leben!"

„Fürchtest Du Dich vor diesem Gewürme?" erwiderte spöttisch die Frau mit dem reizenden Namen Ixtolochtila.

„Nein," versetzte der Mann, „aber ich fürchte Teotel, den unsichtbaren Gott, der alle unsere Handlungen sieht und richtet."

„Und ich," rief das Weib mit grimmigem Tone, „ich fürchte Mexitli, den Gewaltigen, auf dessen Tempel wir stehen, und dem ich das Herz dieses Kindes zu opfern geschworen habe."

„Blinder Haß treibt Dich," sagte der Mann, „nicht Dein Schwur."

Ixtolochtila wandte sich von dem Mädchen und rief mit Heftigkeit gegen den Mann gewendet:

„Ja, Huitzili, ich hasse dieses Kind, weil ich seine Mutter hasse, und wenn sie, die Verruchte, das nicht wissen sollte, so weißt Du desto sicherer den Grund."

Huitzili versetzte, mit einem leichten spöttischen
Anfluge:

„Und weil Du sie hassest, beeilst Du Dich
ihren Befehl zu vollstrecken, und dieses Kind zu
tödten?"

Die Frau blickte düster nach ihrem Gatten,
gab indessen keine Antwort, und dieser fuhr fort:

„Statt sie zu kränken, erzeigst Du ihr einen
Dienst, aber bleibt dieses arme Geschöpf am Leben,
so ist es leicht möglich, daß ihre Pläne gekreuzt
werden."

Ixtolochtila schien unentschlossen zu werden, zu
überlegen, und ihr Mann faßte jetzt nach dem
Messer, welches sie stets noch in der Hand hielt.

„Gieb das Messer," sagte er, „und lasse die
Kleine leben."

Es entstand ein leichtes Ringen, und der Dolch
fiel auf die Erde. Da beugte sich das Mädchen
rasch nieder und reichte ihn der Frau.

Diese blickte jetzt mit weit geöffneten Augen
auf das Kind.

„Mir giebst Du dieses Messer," sagte sie,
„mir?"

„Es ist ja Dir entfallen," versetzte die Kleine,
„da mußte ich Dir ja wohl auch es wieder geben."

Die Frau hob unwillkürlich beide Hände, ver=

wundert, überraſcht, und wohl ſchon halb verſöhnt.
Dann ſagte ſie:

„Ah, Kind, Du biſt nicht wie Deine Mutter,
die Dich zu erwürgen befahl, Du biſt geduldig wie
ein Lamm, und gutherzig.“

„O ſchmäht meine Mutter nicht, gute Frau,“
rief die Kleine bittend.

Ixtolochtila blickte zur Erde und ſagte murmelnd:

„Ich bin keine gute Frau, wahrhaftig, ich bin
keine gute Frau, aber Dir, Kind, ſoll deßhalb doch
kein Haar gekrümmt werden. Laßt uns gehen!“

Huitzili, ihr Gemahl, aber verſetzte ernſthaft
und ohne eine Miene zu verziehen:

„Es iſt Alles wie Du ſagſt, und was Du
ſagteſt, das ſoll geſchehen.“

Gab es ſchon Ironie bei dieſen Leuten, welche
nur einen Mantel aus Baumwolle, ein Tuch um
die Hüften, und Sandalen trugen? Und ſollte
deßhalb der Mann ſo raſch Alles bejaht haben, was
ſeine Frau geſprochen?

Wir wiſſen das nicht, denn die erſten Entdecker,
oder Eroberer des Landes, von dem wir ſprechen,
hatten mehr zu thun als nach dergleichen Dingen
zu forſchen.

Dieſes Land aber war Mexiko.

Die Scene, welche wir zu beſchreiben ſuchten,

spielte auf den Terrassen eines Tempels, ohnweit der mexikanischen Ortschaft Xicalango.

Die Zeit aber war das Jahr 1513, mithin etwa fünf Jahre vorher, ehe die Spanier ins Land kamen.

Tief unten in der Schlucht, am Fuße des Tempels erscholl jetzt ein dumpfes Brüllen, wahrscheinlich die Stimme eines weißgefleckten Tigers, welche zu jener Zeit, eben so wie Wölfe und Schakale, häufig in Mexiko waren.

Es war in Mexiko gebräuchlich, wenn man Menschen opferte, das Herz den Göttern darzubringen, und, da man mit Vorliebe Menschenfleisch speiste, dann den größten Theil des Opfers zu verzehren, jene Theile aber, welche in der Küche keine Verwendung fanden, den wilden Thieren zu überlassen.

Die Schlucht, in welche die Kleine geworfen werden sollte, wenn man sie auf der Terrasse des Tempels getödtet haben würde, war bestimmt zur Aufnahme jener unbrauchbaren Reste, und als Ixtolochtila das Brüllen des Raubthieres in der Tiefe hörte, schauderte sie, sie, die wenige Minuten vorher die hülflose Kleine hinabschleudern wollte.

„Er kann Dir Nichts anhaben, kleine Malintzin,“

sagte sie, das Kind tröstend, „sei außer Sorge, er
kann nicht herauf zu uns.“

Und dann geleitete sie die Kleine sorgsam die
Stufen abwärts, worauf man den Weg nach der
oben genannten Ortschaft Xicalango einschlug, wo-
selbst die beiden kinderlosen Eheleute lebten.

Sie hatten den Göttern ein Opfer entzogen,
und großmüthig schenkten ihnen diese dafür nun
ein Kind.

Da aber die Rathschlüsse der Götter häufig
außerordentlich unerforschlich sind, so sollten sich
die Beschenkten nicht lange dieser Gabe erfreuen.

Trotz der abscheulichen Gewohnheit Menschen
zu opfern und zu essen, und einigen anderen ebenfalls wenig lobenswürdigen Liebhabereien der
alten Mexikaner, fanden die Spanier bei denselben
doch eine Kultur, welche dieselben in Erstaunen
setzte.

Fast in allen, nur halbweg größeren Ortschaften
waren die Häuser aus Steinen erbaut, und standen
auf terrassenförmigen Erhöhungen, und der Anstrich
derselben war so reinlich und glänzend, daß die
Soldaten des Cortez einmal denselben für Silber
hielten. Das Hausgeräthe war zierlich, bequem,
und namentlich herrschte ein bedeutender Luxus in
gestickten Teppichen und kunstreich geflochtenen

Matten. Die trefflich angelegten Gärten lieferten eine Menge der herrlichsten Obstsorten, und eben so herrschte ein Ueberfluß an Geflügel der verschiedensten Art, und an Wild.

Daß die Mexikaner leidenschaftlich gerne fette Hunde genossen, muß als Geschmackssache bezeichnet werden.

Die Bewohner von Ländern, welche, angeblich mit Vergnügen, Stallhasen verzehren, weil fortgeschrittene Kultur, und das Jagdgesetze, den Feldhasen nahezu ausgerottet hat, haben wenigstens nicht das Recht ihnen deßhalb Vorwürfe zu machen.

Acht Tage nachher, nachdem die kleine Malintzin in das Haus ihrer neuen Pflegeeltern aufgenommen worden war, sah ihr Pflegevater ihr wohlgefällig zu, wie sie eben im Garten beschäftigt war, Obst und Küchenkräuter zu sammeln, und dieselben in das Haus zu bringen, als sie plötzlich, bereits auf der vorletzten Terrasse angelangt, sich hastig auf die Erde niederwarf.

Was mochte das sein?

Sicher keine kindische Laune. Die Kleine war zu verständig und zu willig, um ihre Arbeit auf solche Weise, und ohne irgend einen Grund, zu unterbrechen, auch sah man an ihrem ganzen Benehmen, daß sie sich zu verbergen strebte.

Huitzili ließ seine Blicke über die Straße gleiten, und bemerkte in einiger Entfernung zwei Männer, welche spähend umherblickten, und endlich sein Haus ins Auge zu fassen schienen.

Dann näherten sie sich demselben, machten Halt und schienen sich zu berathen, worauf sie eine andere Richtung einschlugen, indessen nicht ohne mehrmals rückwärts zu blicken.

Kaum bestand ein Zweifel, daß die beiden, ihm vollständig unbekannten Männer sich mit ihm, oder seinem Eigenthume beschäftigt hatten, und er sann, was das wohl zu bedeuten habe.

Bald aber klärte ihn die kleine Malintzin auf.

Ohne selbst gesehen zu werden, hatte sie die Fremden im Auge behalten, und jetzt, nachdem sie gegangen, schlüpfte sie ins Haus und warf sich schluchzend in die Arme ihres Beschützers.

Es waren zwei Diener ihrer Mutter, „und", rief die Kleine, „sie kommen mich zu holen!"

Huitzili wußte genug, sie kamen sie zu tödten, und wohl war das auch dem Kinde klar, aber es wollte nicht schlimm von seiner Mutter sprechen.

Er selbst und sein Weib hatte mit kaum miß-zuverstehenden Worten den Auftrag erhalten, das Kind aus dem Wege zu schaffen, man hatte ihnen das Messer mit dem Griffe aus grünem Steine

gegeben, mit dem Bedeuten, daß dies der Kleinen
Erbtheil sei, und auch noch andere wenig unklare
Winke waren gegeben worden. Nun aber sendete
man Kundschafter, um zu erfahren, ob diese Winke
verstanden, ob die angedeuteten Wünsche erfüllt
worden, ja es war möglich, daß schon Kunde in
die Heimath der Kleinen gedrungen, daß dies nicht
geschehen.

Man hatte aber in dieser Heimath eine starke
Hand, und einen langen Arm!

Huitzili war nicht der Mann, welcher sich all-
zulange besann, und eben so wenig zögerte er lange mit
der Ausführung seiner Entschlüsse. Er warf einen
Blick auf ein langes und scharfes Messer, welches
oberhalb seinem Lager hing, und dann ging er,
sich mit seinem Weibe zu besprechen. — —

Der Mond, der vor einer Woche noch ein klares
und glänzendes Licht auf die Erde geworfen hatte,
war bereits fast zur Sichel geworden, und ver-
breitete nur eine zweifelhafte Helle; trotzdem
aber suchten die drei Personen, welche nach An-
bruch der Nacht sich durch die Ortschaft schlichen,
den Schatten auf, den die Häuser und die zwischen
ihnen stehenden Baumgruppen warfen, und ver-
säumten dabei nicht, sich sorgfältig umzusehen, ob
man sie bemerke, oder ihnen vielleicht folge.

Als sie die Ortschaft hinter sich hatten, schlugen sie den Weg zu dem, uns bereits bekannten Tempel ein, und verschwanden bei der herrschenden Düsterheit auf den aufwärts führenden Terrassen desselben. Kaum aber bedarf es einer Erwähnung, daß diese Drei die kleine Malintzin und ihre beiden sogenannten Beschützer waren.

Ziemlich frühe am andern Morgen erschienen die beiden Fremden im Hause Huitzili's, und begannen, schlau, wie des Indianer Art, mit allerlei verblümten Reden nach der kleinen Malintzin zu fragen, und der Hausherr gab sich eine Zeit lang den Anschein als verstehe er sie nicht.

Endlich aber sagte er:

„Spart Eure listigen Worte, und sagt Denen, die Euch senden, daß ihr Befehl erfüllt wurde."

Die Fremden zögerten mit der Antwort, dann aber sagte Einer von ihnen:

„Gut! Aber ein Mann aus Eurer Gegend erzählte uns, daß Ihr ein kleines Mädchen im Hause hättet. Wir möchten das Kind wohl einmal sehen."

Huitzili lachte:

„Das war meines Weibes Schwesterkind, welches uns auf ein paar Tage zur Last fiel, glücklicher Weise aber ging es schon gestern Morgen wieder."

Die Fremden warfen sich Blicke zu, gaben aber keine Antwort, und jetzt schienen Zweifel in Huitzili aufzusteigen. Er blickte düster nach den beiden Männern und sagte dann mit unsicherer Stimme:

„Wenn Die, welche Euch zu mir schicken, jetzt den mir gegebenen Befehl bereuen, so ist es zu späte, und nicht meine Schuld. Denn wisset, der Geist der kleinen Malintzin ist bei den Göttern, ihr zerschmetterter Körper aber wurde in der Tigerschlucht eine Speise der wilden Thiere."

Dann hob er eine Matte von der Wand des Gemaches und zog das gestickte Obergewand Malintzin's hervor.

Aber dieses Gewand war von einem Messer= stiche durchbohrt und mit Blut getränkt, und die Hand Huitzili's zitterte, als er es den Männern hinreichte.

Huitzili war kein böser Mensch!

Die beiden Fremden aber wurden sehr heiter und fröhlich, sie ertheilten ihm Lobsprüche, nahmen das blutbefleckte Kleid an sich, und verließen das Haus und die Ortschaft.

Huitzili war wirklich kein böser Mensch, er folgte einfach dem Drange der Nothwendigkeit, und um unlieben Irrungen vorzubeugen, wollen wir, selbst auf Kosten der so beliebten und häufig ver=

langten „Spannung", gestehen, daß die kleine
Malintzin sich wohlbehalten auf der Platform des
Tempels befand.

Der wackere Huitzili und seine Frau, welche
mit Recht das Kind bei sich nicht mehr für sicher
hielten, hatten es in der Nacht dorthin zu einem
alten, ihnen befreundeten Priester gebracht, welcher
es zu schützen und zu bergen versprach, bis die
Gelegenheit günstig erschien, es zu entfernt wohnen=
den Freunden, in eine andere Gegend zu bringen. —

Nach den Schilderungen der alten spanischen
Schriftsteller war schon zu Zeiten der Entdeckung
von Mexiko Tabasko eine bedeutende Stadt.

Sie lag am Tabasko = Flusse, den aber die
Spanier jenesmal, nach seinem ersten Entdecker
Grijalva, den Grijalva=Strom nannten. Sie be=
saß mehrfache bedeutende Tempel, große und schöne
Privatgebäude, reizende Gärten, und vor Allem
scheinen, so wie später auch in Mexiko, die öffent=
lichen Märkte auf die Spanier einen imponirenden
Eindruck gemacht zu haben.

Alle erdenklichen Gegenstände wurden hier an
gesonderten Stellen verkauft:

Gold, Juwelen und anderer Schmuck, Waffen,
fertige Kleider für Männer und Frauen und Stoffe.
Eine reichliche Auswahl von Wild und Geflügel,

Gemüse und Früchte, geistige Getränke, und endlich
Baumaterial der verschiedensten Art.

Fast sechs Jahre später, nachdem wir unsere
kleine Malintzin, unter der Obhut des Priesters in
Xicalango, verlassen haben, finden wir sie in diesem
Tabasko wieder.

Sie war in einem Gemache eines nicht sehr
großen, aber freundlichen und reinlich gehaltenen
Hauses, beschäftigt, Federn von Enten, Gänsen
und Hühnern zu färben, um hierauf aus denselben
Federschmuck zu verfertigen, zu welcher Arbeit sie
viel Geschick besaß, und eine alte Frau ging ihr
dabei an die Hand.

Aus dem kleinen Mädchen aber war eine
wunderhübsche Jungfrau geworden, welche, nach
dem Berichte ihrer Zeitgenossen, eine fast weiße
Gesichtsfarbe hatte, so daß sie eher für eine Euro-
päerin gehalten werden konnte, als für eine Tochter
Mexiko's.

Ihr Verhältniß zu der Alten, welche man
Chimala nannte, schien eine Mittelstufe zwischen
Pflegetochter und Dienerin zu sein, und da den
Pflegemüttern und Herrinnen das Recht zusteht,
ihre Untergebenen je nach dem Bedürfnisse ihres
Herzens mehr oder weniger zu maßregeln, so schien

Chimala heute von diesem Rechte Gebrauch machen
zu wollen.

Sie tadelte die Arbeit des jungen Mädchens,
nahm ihr die bereits fertigen Federn aus der Hand,
um sie nochmals in die Farbe zu tauchen, und erklärte andere, halbgefärbte für vollendet.

Dann warf sie, scheltende Worte murmelnd,
die Werkzeuge und Geräthschaften polternd durch-
einander, kurz, sie war heute verdrießlich, und
schlimm aufgelegt, während sie sich sonst meist
gütig und freundlich gegen Malintzin benahm.

Ganz der Art und Weise solcher Stimmung
war es angemessen, daß sie dieselbe jetzt Malintzin
vorwarf, indem sie sagte:

„Du bist heute widerwärtig und verdrossen,
hast zu Nichts Lust und Freude, und bist ganz verändert gegen sonst. Sage, weßhalb.“

Malintzin leugnete, und sagte, daß sie keinen
Grund wisse, weßhalb sie sich verändert haben
sollte.

„Aber ich weiß ihn,“ rief die Alte zornig,
„Tecapani! weißt Du es nun!“

Malintzin erröthete leicht, die Alte aber schleuderte ein Bund gefärbter Federn auf die Erde,
und verließ das Gemach, indem sie deutlich genug
sagte:

„Sie sollte sich glücklich preisen! Er, der
schönste Mann in der Stadt, und sie — die Bettel-
prinzessin!“

Durchschnittlich zerdrücken bei ähnlichen Vorgängen, die Opfer eine Thräne im Auge, Malintzin
aber unterließ dies.

Sie hob die Federn von der Erde auf, reinigte
sie sorgfältig vom Staube, und setzte hierauf unverdrossen ihre Arbeit fort.

Sehen wir aber jetzt, wer Tecapani, welcher der
schönste Mann in Tabasko war.

Der Liebhaber Malintzin's, aber nicht der Ge-
liebte, und nicht der schönste Mann in der Stadt,
sondern ein ziemlich häßlicher Jüngling, der aber
der Sohn Chimala's war, und vor Kurzem, nach
einem längeren Aufenthalte im nördlichen Theile
des Landes, in das mütterliche Haus zurückgekehrt,
sich in Malintzin verliebte.

· Das war der Grund, weßhalb diese letztere keine
Federn mehr färben konnte, die Matten an den
Wänden nicht gehörig reinigte, in der Küche entweder zu wenig oder zu viel Chil*) den Speisen
zusetzte, kurz, mit dem besten Willen von der Welt

*) Chil, eine Pfefferart, mit der man in Mexiko fast
alle Speisen würzte.

2*

der erbosten Chimala Nichts mehr recht machen
konnte.

Dieser ihr Aerger war aber ein zweiköpfiger.

Einmal war sie aufgebracht, daß ihr Sohn
Malintzin mit günstigen Augen ansah, auf der
andern Seite aber verdroß es sie wieder, daß diese
dessen Neigung nicht erwiderte.

Sie beschloß daher, ihrem Lieblinge Aufklärungen
bezüglich Malintzin's zu machen, und wenn er, in
Folge derselben, sich zurückgezogen haben würde,
dem Mädchen das Leben nach Kräften sauer zu
machen, und da man gute Vorsätze nicht lange auf=
schieben soll, so wollte sie noch an demselben Abende
an das Werk gehen.

Es war eine wundervolle Nacht.

Einer der Marktplätze, in dessen Nähe das Haus
Chimala's lag, erglänzte im Mondlichte wie ge=
glättetes Silber, majestätisch rauschten die, dem
Meere zuziehenden Wogen des mächtigen Tabasko=
Stromes, und aus den zwischen den Häusern der
Stadt gelegenen Gärten trug der Hauch des Nacht=
windes von Zeit zu Zeit süß duftende Grüße der
Blumen zu der Terrasse des Hauses, auf welcher
die beiden Frauen, Baumwolle spinnend saßen, während
Tecapani ihnen zusah, und sich von dem Müßig=

gange erholte, welchem er des Tages über obgelegen
hatte.

Einen heiligen Frieden hatten die Götter aus=
gegossen über Tabasko, und Chimala sagte jetzt:

„Packe Dich, Du faules Ding, und schlafe auf
Deinem Lager, statt hier, beim Spinnen. Schämst
Du Dich nicht, solchen ungleichen und knotigen
Faden zu spinnen.“

Sie nahm ihr heftig die Spindel aus der Hand,
zerrte hastig und zerreißend an dem aufgespulten
Faden, und schleuderte sie dann von sich, Malintzin
aber nahm sie schweigend auf, und verließ die
Terrasse, indem sie sich in das Haus begab.

„Aber Mutter,“ sagte Tecapani, „sie hat ja
keinen Augenblick geschlafen, und der Faden, den
sie spann, und den Du zerrissest, war ja ganz
prächtig.“

„Natürlich,“ versetzte Chimala, „die einfältige
und boshafte Dirne hat Recht, und ich, Deine
Mutter, Unrecht! Und Du bist berufen sie zu
vertheidigen, versteht sich, weil Du einfältig genug
bist sie zu lieben, während sie Nichts von Dir wissen
will, und Dich verspottet!“

„Ich gestehe, daß sie mir wohlgefällt,“ erwiderte
der junge Mann, „verspottet aber — —“

Seine Mutter ließ ihn nicht enden:

„Und Du weißt nicht einmal, wer sie ist, und während der zwei Monden, die Du jetzt wieder in der Heimath zubringst, hast Du nicht einmal danach gefragt.“

Tecapani wollte etwas erwidern, Chimala aber stand auf, schloß geräuschvoll die Thüre des Hauses, und sagte, zurückgekehrt:

„Sicher hat sie nicht vergessen, was ich Dir erzählen will, dennoch aber braucht sie nicht zu hören, was wir zusammen sprechen. Gieb also wohl Acht!

„Weit von hier, in der Stadt Pinala, acht Stunden von Guacasualko, herrschten ihre Eltern als Kaziken, und zu ihrem Gebiete gehörten, neben Pinala, noch eine Menge anderer Ortschaften. Sie war indessen noch ein ganz kleines Kind, als ihr Vater starb, ihre Mutter heirathete einen andern, jungen Kaziken, und gebar bald darauf diesem einen Sohn, und da sie diesem nach ihrem Tode die Herrschaft lieber gönnte, als dieser widerwärtigen Malintzin, so beschloß sie, mit Uebereinstimmung ihres zweiten Gemahls, dieselbe bei Seite zu schaffen.“

„Das war abscheulich!“ rief Tecapani.

„Laß mich aussprechen,“ sagte seine Mutter ärgerlich. „Da aber eben die Tochter einer ihrer Sklavinnen gestorben war, so verbreiteten sie das

Gerüchte, Malintzin sei plötzlich verschieden, begruben die Leiche des Sklavenkindes als die ihrer Tochter, diese aber gaben sie einem gewissen Huitzili in Xicalango, dessen Frau früher in ihren Diensten stand, und befahlen ihm dieselbe zu tödten.

Tecapani machte eine unruhige Bewegung, seine Mutter aber fuhr fort:

„Das kleine, jenesmal etwa zwölf Jahre alte boshafte Gewürm wußte indessen ohne Zweifel den einfältigen Huitzili mit allerlei Lügen zu berücken, und er ließ sie leben. Ohne Zweifel aber erhielt man in Pinala Nachricht hiervon, und da Huitzili seinen Schützling nicht mehr für sicher bei sich hielt, so versteckte er das Kind eine Zeit hindurch, und brachte es später hierher, nach Tabasko.

„Ihr heuchlerisches Wesen aber bestach mich, vor vielleicht anderthalb Jahren, sie zu mir zu nehmen, und der Dank ist nun, daß sie meine alten Tage verbittert."

„Das soll nicht geschehen," sagte Tecapani.

Seine Mutter warf ihm einen flüchtigen, forschenden Blick zu, und sagte dann:

„Der Weg nach Pinala ist weit, aber es wird ein Bote zu finden sein, der den Kaziken-Leuten dort erzählen kann, wo sie ihre Tochter treffen können, wenn sie ihrer bedürfen."

Ohne Zweifel errieth Tecapani vollständig den
Sinn dieser Worte, er erwiderte indessen mit gleich=
gültigem Tone.

„Deßhalb also ist sie so hochmüthig! Im Uebrigen
aber kannst Du sicher sein, Mutter, daß ich mit
einem Bettelmädchen Nichts zu schaffen haben will.“

Die Alte nickte schweigend mit dem Haupte,
und nahm sich vor zu prüfen, ob er die Wahrheit
gesprochen, in dem Gehirne ihres Sohnes aber
kreuzten sich manchfache Gedanken.

Zum Beispiele, daß es nicht übel wäre Kazike
von Pinala zu werden, daß er seine Frau Mutter
ein wenig hinter das Licht führen, und auf der
andern Seite die Gunst Malintzin’s erwerben müsse.

Vorläufig war da freilich nöthig, auf zwei
Schultern zu tragen.

Für was aber haben überhaupt die Götter dem
Menschen zwei Schultern gegeben, wenn er dieselben
nicht dann und wann zur Aufbesserung seiner Ver=
hältnisse gebrauchen soll!

Offenbar gelang aber dem jungen Mann die
Ausführung, wenigstens eines Theiles seines Planes.

Seine Mutter gewann allmälig die Ueberzeugung,
daß Malintzin ihm gleichgültig geworden, und um
sie hierin zu bestärken, vermied er es scheinbar,
allein mit dem jungen Mädchen zu sein, da er

aber, war dies bisweilen dennoch der Fall, gegen Malintzin nicht in dem Grade zudringlich als vorher war, so benahm sich diese nun auch weniger abstoßend gegen ihn, und Tecapani begann, wenn gleich noch vorläufig, unbestimmte Hoffnungen zu fassen.

In Folge dessen begannen sich die häuslichen Verhältnisse günstiger, friedlicher zu gestalten, Malintzin wurde wieder mehr als Pflegetochter, denn als Magd, oder Sklavin, behandelt, es wurde ihr stillschweigend wie früher gestattet, Theil zu nehmen an den Gesprächen zwischen Mutter und Sohn, und während die erstere Malintzin allmälig verzieh, daß sie ihren Sohn zurückgewiesen hatte, träumte dieser von dem Besitze der reizenden Kaziken-Tochter, und von seinem Einzuge als Herrscher in Pinala.

In hohem Grade aufgeregt trat er aber eines Tages zu den beiden Frauen, und theilte ihnen Gerüchte mit, welche er in der Stadt vernommen hatte.

Fremde, wunderbare und gewaltige Männer, sollten sich, von Sonnenaufgang her, dem Lande nähern, und während die Meinungen getheilt waren über den Zweck ihres Kommens, so war das auch der Fall über die Art und Weise, wie man die Fremdlinge empfangen sollte.

Malintzin horchte hoch auf, und als man ihre Aufregung bemerkte, und sie deßhalb befragte, sagte sie:

„Fast genau dasselbe hörte ich schon, als ich noch ein kleines Mädchen war.

„Bei Deiner Mutter?" sagte Chimala.

„Nein," versetzte Malintzin, „bei einem alten Priester, bei welchem ich längere Zeit verborgen lebte, ehe Huitzili mich hierher nach Tabasko brachte."

Tecapani forderte sie auf zu erzählen, und sie that das mit folgenden Worten:

„Mein ganzer Aufenthalt bei jenem guten Alten war eigentlich ein fortwährendes Lernen.

„Er lehrte mich die Götter kennen, und zeigte mir ihre Bilder, aber er sprach auch von dem unsicht= baren Gotte, Teote, der hoch oben, über den Sternen, throne, und dennoch die Geschicke der Menschen lenke.

„Dann sprach er von diesen Sternen und von der Sonne und vom Monde, welchen Teote be= fohlen habe die Erde zu erwärmen und zu erleuchten zum Wohle der Menschen.

„Aber auch von diesen erzählte er mir Mancher= lei. Daß das ganze Land zum Beispiele, so weit wir es kennen, von verschiedenen Völkern be= wohnt sei, daß der mächtigste König aber Montezuma sei, der in der großen Stadt Mexiko wohne, und

fast fortwährend Krieg führe mit den andern Völker-
schaften.

„In künstlichen Bildern zeigte er mir das Aussehen der Bewohner dieser verschiedenen Völker,
ihre Sitten und Gebräuche, ihre Waffen und
Kleidung, und da er fand, daß ich leicht fremde
Worte im Gedächtnisse behielt, lehrte er mir mancherlei aus ihren Sprachen, was mir immer ganz besonders Vergnügen bereitete.

„Der alte Priester aber kannte nicht nur die
Gegenwart, sondern auch die Vergangenheit und
die Zukunft, und das ist es, von dem ich vorher
sprach.

„Einer der Götter, welche in den Tempeln wohnen,
und welchen man große Verehrung erzeigte, ver-
kündigte den Kaziken, daß einstens aus weit entfernten Ländern, von Sonnenaufgang her, tapfere
und mit gewaltigen Kräften ausgerüstete Männer
kommen, und alle Völker hier im Lande bekriegen,
unterjochen und beherrschen würden, und es war
meinem greisen Lehrer bekannt, daß schon vor fast
zehn Jahren der große und mächtige Montezuma
durch Ahndungen und Vorbedeutungen in Angst und
Schrecken gesetzt wurde.

„Auch er hatte von den Verkündigungen des Gottes
im Tempel gehört, daß nämlich ein fremdes Volk

erscheinen sollte, und allerlei Anzeichen schienen ihm das Ende seiner Herrschaft zu verkünden.

„Er hatte Unglück in verschiedenen Kriegen, und das besonders in dem Zuge gegen die ferne Provinz Almatla.

„Ein gewaltiger brennender Stern, mit feurigem Schweife, zeigte sich am Himmel.

„Endlich aber starb eine mexikanische Prinzessin, erwachte aber wieder von den Todten, und erzählte ein Traumgesicht, oder eine Erscheinung, welche ebenfalls das Kommen fremder Männer verkündete."

Malintzin schwieg, und Chimala sagte:

„Freilich erzählt man sich, daß ein Volk immer von einem andern besiegt und vernichtet, und von der Erde vertilgt wird, und so sind auch die Riesen, welche vor unserem Volke das Land bewohnten, von der Erde vertilgt worden. Mögen uns die Götter beschützen.*)

---

*) Es bedarf kaum einer Erwähnung, daß die von Malintzin erzählten Sagen wirklich von den Spaniern angetroffen wurden. Was das Riesengeschlecht betrifft, so brachten die Tlaskalteken Cordez Knochen, welche von diesen Riesen herrühren sollten, und von den Spaniern auch wirklich für Reste eines Riesenstammes gehalten und nach Spanien gesendet wurden. Es waren ohne Zweifel Knochen des Mammuth, oder eines andern urweltlichen Thieres.   B.

Kapitel II.

Von der Entdeckung Amerika's überhaupt, und von der
Eroberung Mexiko's durch den großen Feldherrn Cortez,
ferner von einer großen Schlacht, so die Spanischen gewannen,
und wie Malintzin dem Cortez als ein Präsent verehrt,
getauft, und Donna Marina genannt worden ist.

————

Der geehrte und gütige Leser entschuldige,
wenn wir versuchen ihm in dem Folgenden, in ge=
drängter Kürze, eine Uebersicht der Eroberung
Mexiko's in das Gedächtniß zurück zu rufen.

Aber die Geschichte dieser Eroberung ist mit den
fragmentarischen Ereignissen aus dem Leben unserer
Heldin, welche wir erzählen wollen, so enge ver=
knüpft, daß durch diese Zusammenstellung spätere
langwierige Erörterungen zum größten Theile ge=
spart werden.

Beginnen wir also.

Am 12. October 1492 entdeckte Cristoforo
Columbo Amerika, indem er die Küste von San=
Salvador, dem Guanahani der Eingeborenen, betrat.

Am 28. October desselben Jahres entdeckte er
Cuba.

Im Jahre 1511 wurde von Diego Columbo
dem Diego Velasquez die vollständige Eroberung
von Cuba aufgetragen, von diesem in's Werk gesetzt,
und bis zu seinem 1524 erfolgten Tode blieb
Velasquez der Gouverneur der Insel.

Im Jahre 1517 unternahm, von Cuba aus,
der Colonist Ferandez Cordova, durch Velasquez
begünstigt, eine Entdeckungsreise gegen Westen,
entdeckte Anfang März die Halbinsel Yukatan,
wurde indessen von den Eingeborenen nicht zum
Besten empfangen. Schlimmer noch später auf
Campeche, wo fast alle seine Leute getödet wurden,
und er selbst, nach Cuba zurück gekehrt, bald darauf an seinen Wunden starb.

Ein Jahr später, 1518, rüstete Velasquez vier
neue Schiffe aus, besetzte dieselben mit 240 Männern,
und gab den Oberbefehl an Juan de Grijalva,
welcher fast den ganzen Meerbusen von Mexiko
umschiffte, und an vielen Stellen landete.

Merkwürdig ist es, daß Montezuma jenesmal
schon Nachricht von der Ankunft der Fremden erhielt, und Boten an sie absendete. Allein trotz
aller Verdienste, welche Grijalva sich auf dieser
Expedition erwarb, und trotz der wichtigen Ent-

deckungen, welche er machte, wurde er, als er nach
sechs Monaten nach Cuba zurückkehrte, von Velas=
quez mit Undank empfangen.

Er schickte jetzt Ferando Cortez, einen Edelmann
aus Medellin in Estremadura, auf eine neue Ent=
deckungsreise, und dieser ging am 18. November
1518 von Sant Jago aus unter Segel, mit elf
Schiffen, 508 Soldaten, 109 Matrosen, 17 Pferden,
10 Feldschlangen und 4 Falkonetten.

Bald aber reute Velasquez, der ein wenig ein
Neidhammel war, sein Auftrag, er rief Cortez zu=
rück, und beschloß ihn gefangen zu setzen.

Cortez aber begann nun selbstständig zu handeln.
Er segelte unter mancherlei Anfällen weiter, bestand
vielfache Kämpfe mit den Eingeborenen, und be=
siegte endlich, in der Ebene von Cintla, 40000
Eingeborene, und alle Kaziken unterwarfen sich
ihm nun.

Cortez verlangte nun eine Unterredung mit
Montezuma, dieser gab anfänglich ausweichende
Antwort, endlich entschieden verneinende, und da
alle Geschenke, welche er Cortez schickte, diesen nicht
von dem Verlangen einer Zusammenkunft abbrachten,
entschloß er sich zu ernstlicher Gegenwehr.

Während nun aber Velasquez wiederholt Cortez

zurückrief, drang dieser weiter vor, gründete Veracruz, und beschloß jetzt direkt auf Mexiko los zu gehen.

Er verbündete sich jetzt mit dem Kaziken von Zempoalla, einem der Häuptlinge der Totonakas, eines Volkes, welches erst vor kurzer Zeit von den Mexikanern unterjocht worden war, und während Montezuma alles Mögliche that, um ihn vom weitern Vordringen aufzuhalten, rückte er unaufhaltsam weiter.

Am 16. Juli 1519 sendete er eine Botschaft mit Berichten nach Madrid, schlug hierauf eine Verschwörung unter seinen eigenen Leuten nieder, zerstörte seine Schiffe, und nachdem er eine geringe Besatzung in Veracruz zurück gelassen, zog er mit 415 Männern, 15 Pferden und 6 Feld= stücken auf den Freistaat der Tlaskalaner zu.

Die Tlaskalaner traten ihm feindlich entgegen, er besiegte sie aber, sie verbündeten sich dann mit ihm gegen Mexiko, ein Gleiches that ein anderer Freistaat, Huerxotzinko, und auch Abgesandte des Fürsten Ixtilxochitil boten ihm ein Bündniß an.

Nun begleitete ihn ein Heer der Tlaskalaner nach Cholulla, wo gegen ihm gesponnener Verrath entdeckt und, auf ziemlich blutige Weise, vereitelt wurde, dann aber setzte er unverdrossen seinen Weg nach Mexiko fort, gewann in Amagaemekan und

Tlalmaralko neue Bundesgenossen, und erreichte am
8. November 1519 Mexiko.

Montezuma machte gute Miene zum schlimmen
Spiele, ging ihm entgegen, ihn mit hohen Ehren
und reichen Geschenken empfangend, und zog an
seiner Seite in Mexiko ein, wo er ihm und den
Seinen einen Palast mit ungeheueren Dimensionen
als Wohnung anweisen ließ.

Sechs Tage später führte Cortez Montezuma
als Gefangenen in diesen Palast, und ließ ihm
zwanzig Tage später, um ihn zu schrecken, Fesseln
anlegen, welche ihm indessen bald wieder abgenommen
wurden.

Jetzt erhob sich der König von Akolhuakan, ein
Neffe Montezuma's, gegen die Spanier, wurde in=
dessen, mit Hülfe von Montezuma selbst, gefangen
nach Mexiko gebracht, und Mexiko wurde als eine
spanische Provinz erklärt.

Von allen Seiten aber stiegen jetzt drohende Un=
gewitter gegen Cortez auf.

Die Mexikaner beginnen gegen die Spanier eine
drohende Miene anzunehmen.

Montezuma drang ernstlich in Cortez, nun, da
sein Zweck erfüllt sei, Mexiko nämlich zu einer
spanischen Provinz zu machen, abzureisen.

Und endlich sendete Velasquez, unter dem Ober=

befehle von Navarez, Truppen und Schiffe gegen Cortez.

Dieser indessen ließ 80 Mann Besatzung in Mexiko, und zog, im Mai 1520, mit 250 Soldaten, aber ohne Geschütze, Navarez entgegen, überfiel ihn während einer Regennacht in Zempoalla, und nun wurde Navarez am Auge verwundet, gefangen, vollständig geschlagen, und fast alle seine Truppen gingen zu Cortez über.

Alvarado, den Cortez in Mexiko als Ober= befehlshaber zurückgelassen hatte, hauste indessen dort schlimm, der Aufruhr, der gegen ihn ausbrach, wurde indessen durch Montezuma gedämpft, und am 24. Juni rückte Cortez mit seinem, nun bedeu= tend verstärkten Heere abermals in Mexiko ein.

Dennoch schien, für einige Zeit wenigstens, jetzt sein Glücksstern zu erbleichen.

Die Mexikaner erneuten ernstlicher als je ihre Feindseligkeiten gegen ihn.

Sie begannen damit, keine Nahrungsmittel mehr auf die Märkte zu bringen, um die Spanier aus= zuhungern, und griffen sie dann mit gewaffneter Hand von allen Seiten an.

Montezuma, der ihnen befahl sich zurückzuziehen, wurde durch die Pfeile seiner eigenen Leute getödtet, und nothgedrungen beschloß jetzt Cortez Mexiko zu verlassen, das heißt sich durchzuschlagen.

Das geschah in der Nacht des 1. Juli 1520, welcher die Spanier den Namen: „la triste noche" beilegten, und in der That ging die Sache schief, denn es fielen in derselben an 600 Spanier, obgleich es Cortez gelang, am 8. Juli schon in Tlaskala wieder festen Fuß zu fassen, und siegreich gegen die Mexikaner und ihnen befreundete Stämme zu kämpfen.

Einige Monate später, am 30. October, sendete Cortez ein zweites Schreiben, begleitet von Schätzen, nach Madrid, aber ein französischer Freibeuter nahm Schiff und Schätze weg.

Cortez aber vergrößerte auf's Neue seine Macht durch Truppen, welche Velasquez gegen ihn aussendete, zog abermals gegen Mexiko, welches er mit wechselndem Glücke belagerte, und endlich wurde in der Hauptschlacht, Anfang August 1521, der neue König von Mexiko, Guauhtimozin, gefangen, am 13. August aber Mexiko zum zweiten Male vollständig erobert.

Wir fügen, als wichtig für den Verlauf unserer Geschichte, bei, daß er im Jahre 1524 einen zwei Jahre lang dauernden, mit unzähligen Beschwerden verknüpften Zug nach Horduras unternahm, schließen

dann aber diese Skizze über die Eroberung von
Mexiko, da trotz aller folgenden Zwischenfälle diese
am 13. August 1521 dem Wesen nach vollendet
war. —

Das Treffen, welches Cortez bei Cintla den ver=
einigten Kaziken der Landschaft Tabasko in den
Märztagen des Jahres 1519 lieferte, war der
erste größere Zusammenstoß, welchen der kühne Er=
oberer auf mexikanischem Gebiete mit den Einge=
borenen bestand, und ohne Zweifel war es von
hoher Bedeutung für seine späteren Erfolge.

Schon am Tage vorher war Cortez von den
Leuten aus Tabasko angegriffen worden, und er
bereitete sich für den folgenden Tag auf eine
Hauptschlacht vor.

Die Streitkräfte der Eingeborenen beliefen sich
etwa auf 40,000 Mann, jene der Spanier auf et=
was über 500 Soldaten zu Fuß, 13 Reiter, und
dem Geschütze, welches beim Auslaufe von Cuba
aus 10 Feldschlangen und 4 Falkonetten bestand.

Das Fußvolk befehligte Diego de Ordas, das
Geschütze der Artillerist Mesa, die Reiter aber
Cortez selbst.

Nichts ist sonderbarer, als daß diese Hand voll
Menschen dieser Anzahl von Feinden nicht mit der

Ueberzeugung entgegengingen, sämmtlich erschlagen
zu werden.

Das scheint aber durchaus nicht der Fall ge=
wesen zu sein.

Sie hörten, da der Festtag Maria Verkündigung
war, des Morgens die Messe, und dann zogen sie,
das Fußvolk und die Geschütze, guten Muthes nach
der Ebene von Cintla, während Cortez mit seinen
13 Reitern einen Umweg machte, um dem Feinde
in den Rücken zu fallen.

In der Nähe einiger großer Bohnenfelder, und
in diesen selbst, fanden sie die Indianer bereits auf=
gestellt, und der Hauptmann Bernal Diaz sagt,
als er dieses Zusammentreffen schildert: „Hatten
sie Lust zu fechten, wie wir, so konnten sie sie jetzt
büßen, und das thaten sie denn auch."

Wir wollen überhaupt den Anfang des Treffens
Diaz selbst erzählen lassen.

„Die feindlichen Schaaren," sagt er, „waren
bereits in Bewegung, uns aufzusuchen, als wir auf
sie stießen.

„Sie hatten alle große Federbüsche auf den
Köpfen, baumwollene Schutzröcke an, und ihre Ge=
sichter waren mit rother, weißer und schwarzer
Farbe bemalt. Außer den Trompeten und Trommeln
führten sie große Bogen und Pfeile, Lanzen und

Schilder, mächtige Schlachtschwerter, die mit beiden
Händen geführt werden mußten, und eine Menge
Schleudern und Stöcke, die am Feuer gehärtet
waren.

„Ihre Zahl war so groß, daß sie die Bohnen=
felder ganz bedeckten, und uns von allen Seiten
zugleich angreifen konnten. Das thaten sie denn
auch, und stürzten gleich wüthenden Hunden auf
uns los.

„Ihr erster Angriff war so heftig, und der
Pfeile, Stöcke und Steine, womit sie uns begrüßten,
eine solche Menge, daß sie uns sogleich über sieb=
zig Mann verwundeten, und einer unserer Leute
Namens Saldanna, von einem Pfeile in das Ohr
getroffen, auf der Stelle todt niederfiel.

„Mit gleicher Gewalt drangen sie mit ihren
Spießen unmittelbar auf uns ein, während ihre
Pfeile unaufhörlich nach uns flogen, und uns manche
Wunde beibrachten.

„Aber wir blieben ihnen an Schüßen aus den
Armbrüsten, Musketen und dem übrigen Geschütze
auch nichts schuldig, und theilten wackere Hiebe
aus. Dadurch brachten wir sie etwas zum Weichen,
jedoch nur, um uns aus größerer Entfernung, wo
sie sich sicherer glaubten, mit Pfeilen zu beschießen.“

Der persönliche Muth der Herren Mexikaner

stellt sich hier in kein allzu glänzendes Licht, denn selbst die Feuerwaffen ihrer Feinde schienen sie weniger zu incommodiren als die Schwerthiebe derselben.

Unser Gewährsmann Diaz, der dies begriff, gab dem Comandirenden Ordas den Rath, ihnen, ohne weitere Umstände, mit blanker Klinge auf den Leib zu rücken, und obgleich Ordas, wegen der großen Menge der Feinde, anfänglich hierauf nicht eingehen wollte, gab er doch endlich nach.

Der Erfolg war ein günstiger.

Wenig behagten den Indianern die Schwert=streiche der Spanier, und sie zogen sich rasch zurück, nun aber traf eben zu rechter Zeit Cortez mit seinen Reitern ein.

Er war durch morastigen Boden verhindert worden eher zu erscheinen, entschied aber jetzt die Schlacht, indem er den Feinden in den Rücken fiel, und theils durch die Gewalt der Waffen, theils durch den Anblick der Pferde, ihnen einen panischen Schrecken einjagte, indem die Mexikaner, welche nie vorher Pferde gesehen hatten, Roß und Mann für ein einziges Geschöpf hielten.

Sie flohen, und der Tag war für den Spanier gewonnen.

Man zählte auf dem Schlachtfelde über acht=

hundert Todte, von denen die Meisten durch die
Schwerter der Spanier gefallen waren, die Uebrigen
durch das Geschütze, Gefangene waren indessen nur
fünfe gemacht worden, darunter aber zwei Kaziken.

Was den Verlust der Spanier betrifft, so hatten
sie nur zwei Todte, indessen eine große Anzahl von
Verwundeten. —

Im Lager der Spanier, wohin sich dieselben,
als der Tag zur Neige ging, zurückzogen, saßen an
einem halb ausgebrannten Feuer zwei Hauptleute,
Juan Xaramillo, und Alonso Herandez Puertocarrero,
ein Vetter des Grafen von Medelin.

Die Beiden hatten zuerst selbstverständlich von
dem Glücke des Tages gesprochen, und von den
günstigen Folgen, welche aus demselben für ihre
Unternehmung hervorgehen würden.

Dann hatten sie mit altspanischer Höflichkeit
sich gegenseitig Artigkeiten gesagt über ihre beider=
seitigen Leistungen, da Puertocarrero unter den
dreizehn Reitern war, mit welchen Cortez den
Feinden in den Rücken fiel, Xaramillo aber mit
dem Fußvolke gefochten hatte.

Hierauf sprachen sie von dem Aerger, den Velas=
quez auf Cuba über diesen Sieg empfinden würde,
und Xaramillo sagte:

„Daß er außer sich sein wird über diesen Sieg

unseres Cortez, ist natürlich, unbegreiflich aber, wie er dazu kam, diesem das Commando über diesen Zug zu übergeben.

„Wir wissen recht gut, daß Cortez eine Zeit lang Sekretär des Velasquez war, daß er ihn dann festsetzen ließ, und nahe daran war, ihn aufhängen zu lassen. Ebenso ist bekannt, daß später Cortez ihn erstechen wollte, da Velasquez ihm in den Liebes= werbungen bei seiner gegenwärtigen Gemahlin ent= gegen stand.*)

„Das allein schon macht die Wahl des Velas= quez unbegreiflich.

„Aber es ist ferner ein öffentliches Geheimniß, daß Velasquez in hohem Grade neidisch auf alle Erfolge seiner Untergebenen ist, man weiß, daß er Diego Color schmählich behandelte, und daß er vor nicht langer Zeit mit Grijalva eben so verfuhr, ist hinreichend bekannt. Wie kommt er nun dazu, eben Cortez dieses Commando zu übergeben, da er ihn doch als einen der entschlossensten Männer kennen muß, der erworbenen Ruhm sicher nicht zu seinen Füßen niederlegen wird!"

Puertocarrero zog die Schulter und antwortete ausweichend, indem er sagte:

---

*) Torquemada erzählt diese Notiz über Velasquez und Cortez.

„Immerhin aber hat sich Velasquez, in Bezug auf Cuba, höchst bedeutende Verdienste erworben. Aber seht dorthin! was um des Himmelswillen treiben unsere Leute dort?"

„Sie sieden das Fett einiger gefallener Indianer aus,*) um die Wunden der Pferde damit zu verbinden, da kein anderes Mittel zur Hand", versetzte Xaramillo, „ich sehe darin kein besonderes Unrecht." —

„Ihr seid auch schon ein halber Wilder geworden," erwiderte Puertocarrero scherzend, „aber mir behagt dergleichen nicht, und, im Vertrauen gesagt, ich weiß nicht, wie es kömmt, aber ich denke in der letzten Zeit häufiger als sonst an Spanien."

„Ich weiß nicht," sagte Xaramillo, „aber Don Herrandez, Ihr trinkt ja gar nicht?"

Er zeigte bei diesen Worten auf einen Krug mit Wein, welcher zwischen Beiden auf der Erde stand.

Puertocarrero antwortete lachend:

„Ihr werdet wohl bald allein mit dem Kruge fertig werden, um aber wieder auf Spanien zu kommen, so kann ich nicht begreifen, wie Leute, welche drüben Weib und Kind haben, sich hier unbekümmert

---

*) Nach Bernal Diaz geschah dies häufig.

umher treiben. Hätte ich zu Hause eine Frau, ich glaube die Sehnsucht brächte mich zur Verzweiflung."

"Na," rief sein Kamerad, "wer weiß, wie es wäre, hättet Ihr wirklich Eine! Was aber mich betrifft, so danke ich meinem Schutzpatrone, daß er mich zu Hause vor einem Weibe bewahrt hat. Hier im Lande hat es keine Gefahr."

Dann setzte er mit gedämpfter Stimme hinzu:

"Was glaubt Ihr, daß Cortez mit den beiden Schlingeln, den zwei Kaziken, anfangen wird, welche wir heute gefangen nahmen?"

"Seid versichert," erwiderte sein Freund eben so leise, "seid versichert, daß er sie in der kürzesten Zeit mit Friedensvorschlägen zu den Ihrigen senden wird."

"Ich ließe sie hängen," sagte Xaramillo, dann trank er den Rest des Weines, und gürtete sich, um nach den ausgestellten Wachen zu sehen, Puertocarrero aber legte sich, in seinen Mantel gehüllt, auf die Erde, um zu schlafen und von Spanien zu träumen.

Die Vermuthung indessen, welche der wackere Hauptmann gegen seinen Kameraden bezüglich der gefangenen Kaziken ausgesprochen hatte, ging wirklich in Erfüllung.

Durch eine Verkettung von mancherlei Umständen

hatte sich schon früher ein Spanier, Geronimo de
Aguilar, zu Cortez gefunden.

Dieser Mann, der längere Zeit als Gefangener
und Sklave an der Küste von Campeche unter den
Indianern gelebt hatte, war der Sprache von
Tabasko mächtig, und leistete Cortez nun bedeu=
tende Dienste.

Durch seine Hülfe verständigte er sich mit den
Gefangenen, gab ihnen grüne und blaue Glasperlen,
und sagte ihnen, wie Diaz naiv bemerkt, „allerlei
Dinge, welche sie gerne hören mochten,“ dann aber
sendete er sie mit Friedensvorschlägen zu den Ihrigen.

Der Erfolg war, daß schon in den nächsten
Tagen sich verschiedene Kaziken einfanden, welche,
nach der nicht schlimmen Sitte des Landes, ziemliche
Mengen von Nahrungsmitteln als Geschenke mit=
brachten.

Cortez empfing die Gesandtschaft mit ernster
Artigkeit, und sagte ihnen, daß ihm die stattge=
fundenen Feindseligkeiten leid seien, daß dieselben
aber durch ihre Schuld entstanden wären, und daß
nicht viel gefehlt habe, daß er sie und alle Ein=
wohner hiesiger Ortschaften habe umbringen müssen.

Artige Schnurrpfeifereien wußte er aber dann
mit den Pferden und Geschützen, den Tepustles,
wie sie die Indianer nannten, zu treiben.

Durch eine, in der Nähe der Indianer versteckte
Stute brachte man einen Hengst dazu, zu wiehern,
mit den Füßen zu stampfen und sich zu bäumen,
und das größte der Geschütze wurde stark geladen
und abgefeuert.

Den Kaziken aber sagte Cortez, daß dies die
traurige Folge ihrer Widerhaarigkeit gegen ihn und
die Seinen sei.

Die Pferde sowohl als die Tepustles seien
hierüber außerordentlich aufgebracht, er wolle indessen, würden die Indianer eine gute Aufführung
zeigen, Beide zu beruhigen suchen, wo nicht aber,
könne er für Nichts gut stehen.

Er ließ dann den Hengst hinweg führen und
der Dolmetscher Aguilar theilte den Kaziken im
Vertrauen mit, daß Cortez, ein guter Mann wie
er eben sei, dem Hengste den Befehl ertheilt habe,
ihnen keinen Schaden zuzufügen.

Hierüber freuten sich die Indianer sehr, man
wechselte freundliche Worte, und als sie schieden,
versprachen Sie am andern Tage wieder zu kommen
und Geschenke mit sich zu bringen.

Sie hielten redlich Wort.

Am andern Morgen, in den letzten Märztagen
1519, erschien eine bedeutend größere Anzahl von
Kaziken und angesehenen Leuten aus Tabasko und

der Umgegend, welche den Spaniern große Höflichkeit erwiesen und Geschenke mit sich führten.

Diese Geschenke bestanden in Gegenständen von Gold, so in vier Diademen, und in andern Kleinodien, Abbildungen von Idolen und Thieren, dann aus Mänteln von Baumwollenzeuge, und endlich aus zwanzig indianischen Mädchen, unter welchen sich auch unsere gute Freundin Malintzin befand.

Geschenke von Gold, Baumwollenwaaren und Weibspersonen, oder Damen, sind, speziell was den letzten Artikel betrifft, nach unseren Begriffen einigermaßen auffällig, bei den Mexikanern war das aber durchaus nicht der Fall.

Man verehrte mit Vorliebe guten Freunden seine Töchter, was sicher ein expediter Ausweg zu deren „Versorgung" war, und Cortez erhielt in der Folge mehrfach ähnliche Präsente.

Im vorliegenden Falle schienen die geschenkten jungen Mädchen indessen in Tabasko und der Um= gegend, von den Kaziken gepreßt worden zu sein.

Ihre Zukunft, oder ihre Versorgung, war ein wenig eine zweifelhafte, denn da man in Mexiko und den angrenzenden Ländern Menschenopfer brachte, so mußte man, obgleich Cortez bereits mancherlei von der neuen Religion, welche er mit sich brächte, und von seinem großen Kaiser Karl gesprochen hatte, doch immer nicht genau, ob die Spanier die ihnen verehrten Mädchen nicht ebenfalls opfern, und hierauf essen würden.

Was Malintzin betraf, so war ihre Pflege= mutter Chimala in Tabasko eine der ersten, welche sie mit großer Opferfreudigkeit, zum Besten des bedrängten Vaterlandes, den Kaziken zur Verfügung stellte.

Sie traute der Entsagung ihres Sohnes Teca= pani nicht vollkommen, und hielt eine gründliche Entfernung unbedingt für das Sicherste. Tecapani selbst aber, der bei Cintla gegen die Spanier gekämpft hatte, und mit heiler Haut davongekommen war, erzählte solche Wunderdinge von denselben, daß Malintzin weniger mit Geduld, als mit Vergnügen sich in ihr Schicksal fügte.

Cortez, der Anführer und Oberste dieser wunder= baren Männer, erregte vor Allem ihre Neugierde, und als sie mit den neunzehn anderen Mädchen ihm und seinen Hauptleuten vorgestellt wurde, ver= wendete sie kein Auge von ihm.

Cortez war, nach den von ihm vorliegenden Beschreibungen, eigentlich kein schöner Mann zu nennen, dennoch aber fehlte ihm ein imponirendes Aeußere nicht, und Diaz schildert ihn folgender= maßen:

Er hatte eine hübsche, wohl proportionirte und kräftige Leibesgestalt. Die Farbe seines Gesichtes aber stach in's Aschgraue und der Ausdruck desselben verrieth wenig Frohsinn, auch würde es hübscher gewesen sein, wenn er etwas länger gewesen wäre. Sein Blick war gewöhnlich ernst, aber er konnte seinen Augen, wenn er wollte, einen überaus freund= lichen Ausdruck geben. Er hatte einen dünnen, schwarzen Bart, und eben solche Haupt=Haare, eine hohe Brust, breite Schultern, eine schlanke Statur, wenig Bauch, und etwas gekrümmte Beine, aber wohlgeformte Schenkel und Füße.

Dies ist die wortgetreue Schilderung, die Bernal Diaz von Cortez giebt, und Malintzin, welche un= verwandt und mit Bewunderung nach ihm hin= blickte, sah unbedingt das Vortheilhafte seiner Er= scheinung doppelt, und übersah dagegen die Fehler.

Man braucht keine Mexikanerin zu sein, um mit solchen Augen zu sehen.

Daß Cortez aber bei der Musterung, welche er abhielt, den seinen jenen überaus freundlichen Aus= druck gab, von welchem Diaz berichtet, bedarf wohl keiner Erwähnung, denn er war bekanntlich ein außerordentlicher Verehrer des schönen Geschlechts, auf der anderen Seite aber ein äußerst höflicher und gewandter Mann.

Obgleich aber Malintzin bei Weitem die Schönste unter den zwanzig Mädchen war und in ihrem ganzen Wesen vielen Anstand verrieth, zeichnete sie Cortez doch auf keinerlei Weise aus.

Desto mehr indessen schienen zwei unserer Bekannten das zu thun, der Hauptmann Puertocarrero und sein Freund Xaramillo, welche Beide keinen Blick von ihr verwendeten.

Der Erstere schien es bequemer zu finden, an Ort und Stelle zu lieben, anstatt über die See, nach der Heimath hin, zu schmachten. Juan Xaramillo aber hatte offenbar plötzlich seine Ansichten und Grundsätze bezüglich der Frauen geändert, denn er verschlang Malintzin mit den Augen.

Was Cortez betraf, so sprach er mit den Kaziken, wie schon am vorigen Tage, vom Frieden, und machte ihnen wiederholt Vorwürfe, weil sie, trotz seiner friedlichen Absichten, dennoch die Feindseligkeiten gegen ihn begonnen hätten.

Sie schoben indessen alle Schuld auf den Kaziken von Champoton, der sie aufgereizt und schon früher, als Juan von Grijalva an die Küste gekommen wäre, sie der Feigheit beschuldigt habe.

Ferner aber hätte ihnen ein von den Spaniern zu ihnen übergegangener indianischer Dolmetscher den Rath gegeben, die Spanier anzugreifen, da sie dieselben, ihrer geringen Anzahl wegen, leicht aufreiben würden.

Als Cortez verlangte, daß dieser Ueberläufer ihm ausgeliefert werden sollte, sagten sie, daß er nach der verlorenen Schlacht bei Cintla entflohen sei. Er war indessen auf eine andere Weise unschädlich gemacht worden, denn sie hatten ihn nach der verlorenen Schlacht gefangen und, seines schlimmen Rathes halber, ihren Göttern geopfert.

Im Uebrigen gingen sie mit großer Bereitwilligkeit auf die Vorschläge zum Frieden ein, welche Cortez ihnen machte, und auch seine vorläufigen Bekehrungsversuche wurden nicht von der Hand gewiesen und schienen auf keinen ungünstigen Boden zu fallen.

Als indessen, neben Frieden und Bekehrung, Cortez sich auch ein wenig nach dem Golde und den Kleinodien erkundigte, welche sie zum Geschenke gebracht hatten, und fragte, woher sie dergleichen erhalten hätten, nannten sie die Worte Culhua und Mexiko. Und dies war die erste Notiz, welche überhaupt die Spanier von Mexiko erhielten, vorläufig aber blieb sie ihnen unverständlich, und sie kümmerten sich wenig um dieselbe.

Rüstig ging man dagegen am andern Tage an das Werk der Bekehrung.

In Anwesenheit der Kaziken und der vornehmen
Indianer wurde ein Kreuz und ein Altar auf=
gerichtet, der Pater Bartholomäo von Olmedo las
die Messe, und nach derselben hielt er den zwanzig
Indianerinnen, mit Hülfe des Dolmetschers Aguilar,
eine eindringliche Predigt.

Hierauf aber taufte man sämmtliche zwanzig
Mädchen, und stellte auf diese Weise die ersten
Christen in den mexikanischen Landen her, was den
Spaniern große Freude bereitete, den Mädchen
aber nicht minderes Vergnügen, da viele von ihnen
noch nicht die Ueberzeugung gewonnen hatten, daß
man sie, nach Beendigung der religiösen Ceremonie,
nicht opfern würde, wie solches bei ihnen ge=
bräuchlich.

Nach der Taufe aber vertheilte Cortez die
zwanzig Mädchen an zwanzig seiner Hauptleute,
als Begleiterinnen auf der langen und gefährlichen
Reise, welche vor ihnen lag.

Einen Augenblick nahmen wir Anstand, ob wir
dieses Ereigniß, welches vielleicht Anstoß finden,
oder das Mißfallen unserer Leserinnen erregen
könnte, nicht verschweigen sollten.

Wir entschlossen uns indessen aus verschiedenen
Gründen, das nicht zu thun.

Vor Allem der Wahrheit wegen, die man

4*

stets, und unter allen Umständen, nicht ver=
schweigen soll.

Dann überlegten wir, daß wir selbst vollstän=
dig unschuldig an der Sache sind, und nur mit
Unrecht zur Verantwortung gezogen werden könnten,
indem nicht wir, sondern Cortez diese Vertheilung
anordnete und vornahm.

Endlich aber zweifeln wir nicht, daß zwischen
Hauptleuten und den ihnen zugetheilten Beglei=
terinnen im Laufe der Zeit Parthien, das heißt
Verheirathungen, entstehen könnten. Jedermann
aber weiß, wie nützlich und zweckmäßig es für
solche Fälle ist, sich gegenseitig vorher genau kennen
gelernt zu haben, ehe man zu diesem hochwichtigen
Schritte sich entschließt.

Wo aber könnte das zuverlässiger und genauer
geschehen, als auf einer Reise, und höchst wahr=
scheinlich hat dem Erfinder der gegenwärtig un=
vermeidlichen Hochzeitsreisen, wenngleich unklar und
in der Anwendung verspätet, ein ähnlicher Gedanke
vorgeschwebt.

Nach Darlegung dieser sittlichen Motive, die
uns leiteten, übergeben wir aber getrost die oben=
stehende Vertheilungsnotiz einem hochgeehrten Publi=
kum zur Kenntnißnahme.

Aber Malintzin?

Nun, der Hauptmann Puertocarrero schien durch die plötzlich ihm entgegen getretene Wirklich= keit ein wenig praktisch geworden zu sein, denn während der frühere Weiberfeind Xaramillo sich begnügte, von der Ferne aus Malintzin zu be= wundern, und schwur, daß er nie vorher ein rei= zenderes Wesen gesehen habe, begab sich Puerto= carrero, sofort nach der ersten Vorstellung und Uebergabe der Indianerinnen, zu Cortez und pflog mit demselben eine längere Unterredung.

Die Folge dieser Rücksprache war die, daß Cortez ihm am folgenden Tage, bei der Vertheilung der Mädchen, Malintzin zutheilte.

Sie hatte bei der Taufe den Namen Donna Marina erhalten, und als Cortez sie zum ersten Male also benannte und ihr sagte, daß sie die Ge= fährtin seines Freundes Puertocarrero werden sollte, schauerte sie leicht zusammen und starrte er= blassend Cortez einige Augenblicke an, dann aber kreuzte sie die Arme über der Brust und folgte Puertocarrero schweigend nach seinem Zelte.

Der Griff des Messers, dessen wir schon früher erwähnten, und das auf den Stufen des Tempels bei Xicalango eine Rolle spielte, blickte aus dem

Saume ihres Gewandes, und Puertocarrero zog es hervor, indem er scherzend sagte:

„Gedenkst Du mich mit diesem Dolche zu ermorden?"

„Nein," erwiderte Donna Marina, „aber ich will Dich mit demselben beschützen!"

Kapitel III.

Wie Donna Marina von Puertocarrero getrennt, und die Begleiterin des Cortez wurde, wie sie in Cholulla die Spanischen vom sicheren Tode rettete, und welche höfliche Manieren Montezuma an den Tag legte, als Cortez in Mexiko einzog, wie er den abgeschnittenen Kopf eines Spaniers erhielt, und von den Spanischen gefangen gesetzt wurde, und ferner wie Donna Marina wiederum viel zum Heile der Spanier beitrug.

Kaum ergab sich Gelegenheit zur Erfüllung dieses Versprechens von Donna Maria, und überhaupt dauerte ihr Zusammenleben mit Puertocarrero nicht lange.

Cortez sendete denselben, sammt noch einigen Andern, mit Berichten und Kostbarkeiten nach Spanien, an den Kaiser Karl V., und diese Agenten, wie sie Diaz nennt, gingen am 26. Juli 1519 in San Juan von Alua unter Segel.

Gegen Cortez ausdrücklichen Befehl, und gegen den Willen Puertocarrero's, wußte es einer der auf dem Schiffe Befindlichen, Francisco von Montejo, dennoch dahin zu bringen, daß man an der Havanna vor Anker ging.

Diego Velasquez, der unversöhnliche Widersacher Cortez, erhielt hierdurch ausführliche Nachricht von der ganzen Expedition und that sein Möglichstes, derselben in Spanien einen schlechten Empfang zu bereiten.

Einer der größten Feinde des Cortez in Spanien scheint der Bischof von Burgos, Don Juan Rodriguez von Fonseca, gewesen zu sein.

Er stand an der Spitze des Raths von Indien, hatte große Gewalt in Händen und that, was in seinen Kräften stand, Cortez zu schaden.

Puertocarrero trat ihm keck entgegen, Fonseca aber ließ ihn festsetzen, einer alten Geschichte wegen, da er drei Jahre vorher eine Frau Maria Rodriguez in Medellin entführt und mit sich nach Indien genommen haben sollte. Es scheint indessen diese Gefangenschaft nicht lange gedauert zu haben, denn es wird erwähnt, daß kurze Zeit darauf Puertocarrero, Francisco von Montejo, der Licentiat Nunnez und endlich Martin Cortez, der Vater des Cortez, Briefe an den Kaiser sendeten, welche der Sache des Cortez in Mexiko, und seiner Anhänger, eine günstige Wendung gaben.

Wir erzählen das einfach aus dem Grunde, um die Trennung Donna Marina's von Puertocarrero

nachzuweisen, was diese aber selbst betrifft, so sagt unser
Gewährsmann in seiner schlichten und naiven Weise:

„Nachdem Puertocarrero nach Spanien gezogen
war, nahm sie Cortez selbst zu sich.“

Ohne Zweifel wurde auch wirklich diese An=
gelegenheit mit derselben Ruhe und Raschheit in's
Werk gesetzt, wie ihre frühere Uebergabe an Puer=
tocarrero.

Aber jetzt schon leistete Donna Marina den
Spaniern die wesentlichsten Dienste.

In der ersten Zeit konnte ihr Dolmetschen nur
mit Hülfe von Aguilar stattfinden, indem dieser
die Sprache von Tabasko verstand, und natürlich
Spanisch sprach, Donna Marina aber ebenfalls der
Sprache von Tabasko mächtig war, zugleich aber
auch jener von Mexiko.

Sie übertrug also anfänglich das Mexikanische
in das Idom von Tabasko, und Aguilar dieses in
das Spanische. Bald aber wurde sie der spanischen
Sprache mächtig, und nun ging die Verständigung
mit den Eingeborenen bedeutend leichter vor sich.

Dieses Dolmetschen war aber nicht der einzige
Dienst, welchen sie den Spaniern leistete.

Sie war klug und verständig in allen Dingen,
gab die besten Rathschläge, trat, wo es nur immer
möglich war, versöhnend auf, und der Oberst

Cadahalso sagt in seinen marokkanischen Briefen
von ihr:

„Primera muger, que no ha pre judicado
en uno exercito!"

„Die erste Frau, die bei einer Armee war, ohne
daß sie ihr Schaden gebracht hat!"

Sie war Cortez, den sie vom ersten Augenblicke
an liebte und als einen Helden verehrte, anhäng=
lich und treu, wie ein ächtes, wackeres Weib, auf
der andern Seite aber den Spaniern überhaupt
ergeben und dankbar, da sie sie aus schlimmer Lage
befreit, und sie gütig behandelten.

Dabei war aber, bei dieser sonst so energischen
und entschlossenen Frau, keine Spur von Rachsucht
gegen ihre Landsleute, die ihr schlimm genug mit=
gespielt hatten, und konnte es geschehen, ohne den
Spaniern zu schaden, so trat sie stets sühnend und
vermittelnd auf.

Liebevoll also und treu, gutmüthig, verständig,
nicht rachsüchtig und versöhnlich!

Was kann man mehr verlangen?

Wir halten diesen Zeitpunkt für den günstigen,
dem geneigten Leser die Eröffnung zu machen, daß
während ihres einjährigen Zusammenseins mit Cortez
Donna Marina demselben mit einem Knaben be=
schenkte, ein Ereigniß, was durch die gegebenen Um=

stände wohl entschuldigt werden kann, unter gar keinen Umständen aber verschwiegen werden dürfte.

Sehen wir nun gleich ein Beispiel, wie Donna Marina die spanische Armee, oder wenn man will: Das kleine Häuflein muthiger Abenteurer, welches Cortez führte, von sicherem Untergange rettete.

Die Tlaskalaner hatten sich Cortez feindlich entgegen gestellt, wurden aber besiegt, und schlossen, als alte Feinde Mexiko's, mit Cortez ein Bündniß gegen Montezuma.

Von einem Heere der Tlaskalaner begleitet, zog er dann nach Cholulla, einer großen Stadt, welche über hundert Tempel hatte, von welchen einer, dem Gotte Quetzalcoate gewidmet, größer war, als der bedeutendste in Mexiko selbst. Die Stadt selbst lag, umgeben von einer Menge größerer Ortschaften, in der Mitte einer fruchtbaren Ebene, und es wurden in ihr kunstreiche Töpferarbeiten in solcher Menge verfertigt, daß sowohl Mexiko, als auch alle übrigen Provinzen des Landes, mit denselben versehen wurden.

Der erste Empfang der Spanier in Cholulla schien ein günstiger, nur baten sich die Kaziken der Stadt aus, daß die Leute von Tlaskala, mit denen sie in Feindschaft lebten, die Stadt selbst nicht betreten sollten, was Cortez billig fand und bewilligte.

Man bewirthete hierauf die Spanier gut und wies ihnen Wohnungen an, aber schon nach einigen Tagen traten mehrfache Anzeigen ein, welche Cortez Verdacht schöpfen ließen, und nun legte sich Donna Marina auf Kundschaft.

Durch Geschenke und geschickte Reden wußte sie zwei Priester zu gewinnen, von welchen sie artige Dinge erfuhr, und endlich vertraute ihr eine alte Indianerin den ganzen Plan, welchen man gegen die Spanier gefaßt hatte.

Montezuma, der König von Mexiko, hatte sich mit den Leuten von Cholulla in's Einvernehmen gesetzt, er hatte Krieger sowohl in die Nähe der Stadt, als auch in diese selbst gesendet, man hatte die Häuser befestigt, allenthalben in den Straßen Fallgruben angelegt, und endlich die Weiber, Kinder und mancherlei Kostbarkeiten in sichere Verstecke gebracht.

Dann, entweder in Cholulla selbst, oder bei dem Abmarsche der Spanier, wollte man die Sorg= losen überfallen.

Als eine kleine Gratifikation für Cholulla sollten zwanzig derselben den dortigen Göttern geopfert werden, wohl konservirt die übrigen aber nach Mexiko gebracht, und bei einer großen Opferfeier dort ab= geschlachtet und verzehrt werden.

Um diesen Transport der gefangenen Spanier

mit Bequemlichkeit bewerkstelligen zu können, hielt man lange Stangen mit Halsschlingen in Bereitschaft, und in einem Hause, ohnweit des großen, oben erwähnten Tempels fanden die Spanier eine große Anzahl derselben.

Alle diese Pläne, welche man gefaßt hatte, um die Spanier sämmtlich zu vernichten, waren also zum großen Theile durch Donna Marina entdeckt worden, und es unterliegt keinem Zweifel, daß ohne ihre Hülfe kaum einer derselben mit dem Leben davon gekommen wäre.

Freilich richtete Cortez hierauf ein gewaltiges Blutbad unter den Leuten von Cholulla an, was seine Feinde schon zu seiner Zeit, nach allen Richtungen hin, zu seinem Schaden auszubeuten suchten, und auch später von Schriftstellern, die ihn haßten, weil er — nun eben weil er ein „Spanier" war, benutzt wurde, um ihn als einen blutdürstigen Thrannen zu bezeichnen.

Wir wollen nicht sagen, daß es besonders zu loben, wenn man darauf ausgeht, Länder zu erobern, sich einzuverleiben, oder zu annectiren, wie man es heute nennt.

Man hat aber diese schlechte Gewohnheit kultivirt, so lange die Welt steht, und höchst wahrscheinlich wird man sie auch für die Folge bei-

behalten. Bei solchen Gelegenheiten aber kann
man die Leute nicht mit Sammetpfötchen anfassen,
vollends gar nicht, wenn sie beabsichtigen uns zu
schlachten und zu verzehren.

Fest steht aber, daß diese energische, von Cortez
in Cholulla an den Tag gelegte Strenge ihm gewaltigen Respekt verschaffte, und verschiedenen
andern Stämmen die Lust benahm, feindlich gegen
die Spanier aufzutreten.

Sprechen wir aber wieder von Donna Marina.

Wenig scheint sie befreundet gewesen zu sein
mit den neunzehn anderen „Hauptmänninnen", oder
Reisebegleiterinnen von Cortez Hauptleuten, welche
gleichzeitig mit ihr den Spaniern übergeben worden
waren.

In besseren, ja in freundschaftlichen Verhältnissen scheint sie mit einigen anderen Indianerinnen,
Töchtern von Kaziken aus Tlaskala, gestanden zu
haben, welche schon vor den Händeln in Cholulla
nach Landesgebrauch Cortez geschenkt worden
waren.

Es waren deren fünfe, man taufte sie, dann
wurden sie Hauptleuten zugetheilt, und um zu
zeigen, wie man zu jener Zeit dergleichen Verhältnisse betrachtete, wollen wir wörtlich die Aeußerun-
gen von Bernal Diaz über eine der getauften

Indianerinnen folgen laſſen, welche eine vertraute
Freundin von Donna Marina wurde und längere
Zeit deren Schickſale theilte.

„Ehe ich jedoch", ſagt Diaz, „in meiner Er=
zählung weiter fortfahre, muß ich noch ein paar
Worte von Xicotenga's (eines Kaziken von Tlas=
kala) Tochter, welche in der Taufe den Namen
Donna Luiſa erhielt, erzählen, die dem Pedro von
Alvarado zugefallen war.

„Faſt ganz Tlaskala nahm den herzlichſten An=
theil an ihrem Schickſale, machte ihr Verehrungen,
und behandelte ſie als Gebieterin. Pedro von
Alvarado bekam noch im ledigen Stande einen
Sohn von ihr, der den Namen Don Pedro erhielt,
und eine Tochter, Donna Leonora, welche dermalen
die Gattin von Don Franciſo de la Cueva iſt, einem
angeſehenen Kavalier und Verwandten des Herzogs
von Albuquerque.

„Sie hat ihm bereits vier oder fünf Söhne,
lauter tüchtige Kavaliere, geboren, und iſt eine
vortreffliche Dame und würdige Tochter eines
ſolchen Vaters, der, wie bekannt, Comthur von
Santjago, und Oberrichter und Statthalter von
Guatimala geworden iſt, ſo wie auch des Hauſes
von Xicotenga, der in Tlaskala in größtem An=
ſehen ſtand und wie ein König angeſehen wurde."

Es scheint hieraus hervorzugehen, daß die Spanier aus angesehenen Familien die Kaziken in den von ihnen eroberte Ländern als sich eben= bürtig betrachteten, und daß die Geschenke von Söhnen und Töchtern, welche in solchen kriegerischen Zeitläuften die Spanier von den Kaziken=Töchtern erhielten, mit keinem Makel der Geburt behaftet waren.

Wenn man uns indessen fragt, warum die spanischen Hauptleute nicht sofort mit ihren Reise= begleiterinnen in den Stand der heiligen Ehe traten, so wissen wir hierüber keine genügende Auskunft zu ertheilen. An Feld=Paters für die Copulation war wenigstens kein Mangel.

Donna Luisa also war die Freundin Donna Marina's und ihre Begleiterin auf dem Zuge von Cholulla nach Mexiko, und da wir von allen diesen Ereignissen nur fragmentarische Skizzen geben können, so wollen wir sogleich vom Einzuge der Spanier in Mexiko sprechen.

Was den in dieser Hauptstadt seines Reiches residirenden König Montezuma betrifft, so hat man denselben bald als einen blutdürstigen Tyrannen, bald als ein sanftes Opferlamm geschildert.

Uns scheint derselbe ein schwacher und unent= schlossener Mensch gewesen zu sein, der den besten

und leicht verzeihlichen Willen hatte, sämmtliche
Spanier ermorden zu lassen, sich aber meist in
halben Maßregeln bewegte, und durch verunglückte
Versuche, sich die Fremden vom Halse zu schaffen,
allzurasch eingeschüchtert wurde.

Er sendete an Cortez Geschenke und Gesandt=
schaften mit den verschiedensten Aufträgen, er ließ
ihm Hinterhalte legen und befragte seine Götter,
was zu thun sei.

Cortez nahm die Geschenke, reichte den Ge=
sandten grüne Glasperlen, und schickte sie mit höf=
lichen Grüßen an Montezuma zurück. Die Hinter=
halte wußte er zu vermeiden, und stets vorwärts
dringend, langte er am 8. November 1519 wohl=
behalten vor Mexiko an.

Er langte an mit vierhundert und fünfzig
Männern, und Montezuma, der sicher fünfzigtausend
Bewaffnete zur Verfügung hatte, ließ sich, eingewickelt
in Juwelen, ihm entgegentragen, und statt seinen
Leuten zu befehlen, den Haufen Abenteurer zu ver=
tilgen, empfing er ihn genau à la 1873.

Er ließ sich aus seinem Tragesessel heben und
ging Cortez entgegen, und dieser, der unsere Donna
Marina neben sich hatte, stieg gleichfalls vom Pferde
und näherte sich ihm.

„Von beiden Seiten", sagt Diaz, „gab es nun große Reverenzen."

Montezuma drückte seine ungemessene Freude aus, Cortez bei sich zu sehen, und dieser antwortete durch Donna Marina: er hoffe, daß Montezuma sich wohl befinde!!

Dann stritten sich Beide, auf höfliche Weise, um die „Ehrenseite", welche Montezuma indessen nicht annahm, sondern sie seinem lieben Gaste Cortez überließ.

Dieser hing nun dem Könige ein Halsband um, welches, wie es scheint, von venetianischem Glase, vielleicht auch von Malachit war, jedenfalls aber verzweifelt wenig Werth hatte, und hierauf wollte er Montezuma umarmen. Die Großen des Reiches aber, welche ihn begleiteten und sich nicht getrauten ihn anzusehen, sondern stets in seiner Gegenwart die Augen niederschlugen, hielten das für ein Majestätsverbrechen, und gaben es nicht zu.

Cortez mußte sich also darauf beschränken, ihm durch Donna Marina zu sagen, daß sein Herz hoch erfreut sei, einen so mächtigen Monarchen persönlich gesehen zu haben, und daß er sich über= glücklich fühle wegen der Ehre, die Montezuma ihm durch sein Entgegenkommen erzeigt habe.

Nachdem nun Montezuma in wohlgesetzten und
äußerst höflichen Worten gedankt hatte, ließ er durch
zwei seiner Neffen die Spanier in den für sie be=
stimmten Palast führen, besuchte sie dort sofort, und
nun begann einige Tage lang eine Reihe von
gegenseitigen Besuchen und ein Austausch von Höf=
lichkeiten, der nur ein wenig getrübt wurde durch
den übertriebenen Bekehrungseifer des Cortez, wel=
chen indessen die verständigen Mönche, die ihn be=
gleiteten, in Schranken zu halten wußten.

Luxuriös und vortrefflich wurden übrigens die
Spanier bewirthet, und aus der Schilderung aller
Augenzeugen geht hervor, daß in Mexiko ein un=
endlicher Wohlstand geherrscht haben muß, und zu=
gleich ein Zustand der Kultur, der bewunderungs=
würdig war.

Ein Häkchen, oder einen Haken hatte freilich,
wenigstens nach unseren Begriffen, diese Kultur.

Die Menschenopfer, welche man den Göttern
brachte.

Dieser abscheuliche Kultus wurde aber so an=
gelegentlich betrieben, daß die Wände der Tempel
stets von Blut trieften, und ein fast unausstehlicher
Geruch in denselben herrschte, welcher den Spaniern
sowohl vom Standpunkte der Menschenfreundlich=
keit aus zuwider war, als auch, auf der andern

Seite, unangenehm durch die Erinnerung an die langen Stangen mit Halsschlingen, die man in Cholulla gefunden hatte, und vermittelst welcher man sie nach Mexiko zu führen gedachte, um mit ihnen selbst jene religiöse Feierlichkeit vorzunehmen.

Sie waren jetzt freiwillig gekommen, vierhundert und fünfzig Männer, in Mitte einer Bevölkerung von Hunderttausenden, und man muß sich fragen, ob man den Muth dieser kecken Abenteurer bewundern, oder über ihre Thorheit staunen soll.

Es scheint, als hätten mehrere derselben sich die gleiche Frage gestellt.

Was Cortez betrifft, so sprach er kaum mit Männern von dergleichen, noch weniger aber mit Donna Marina, daß er indessen Besorgnisse hegte, entging dieser verständigen Frau keinesweges.

Da erhielt sie eines Tages von einem der Haushofmeister, welche Montezuma mit der Bewirthung der Spanier beauftragt hatte, eine geheimnißvolle Einladung, sich in die Stadt zu einer „alten Freundin" zu begeben.

Nie vorher war Donna Marina in Mexiko, und es war ihr deßhalb unbegreiflich, von wem diese Einladung kommen möge. Was die Spanier betraf, so verließen sie nie das ihnen angewiesene

Quartier, außer in größerer Anzahl, als Begleitung
des Cortez, wenn dieser Montezuma besuchte, ein=
mal bei Besichtigung des Marktplatzes, und ferner
bei einem Besuche der Tempel, bei welcher Gelegen=
heit sie die erfreulichen Wahrnehmungen bezüglich
der Menschenopfer machten.

Dennoch aber beschloß Donna Marina jener
Einladung Folge zu leisten.

Es stand zu vermuthen, daß sie Dinge erfahren
würde, die Cortez und den Seinen von Nutzen
waren, und selbst auf die Gefahr hin, einer Ver=
rätherei zum Opfer zu fallen, wollte das wackere
Weib diese Gelegenheit nicht versäumen.

Cortez verschwieg sie ihr Vorhaben, dagegen
vertraute sie dasselbe Donna Luisa an, welche sie
zu begleiten versprach, und als die Dunkelheit an=
gebrochen war, schlichen sich Beide aus dem Palaste
und wurden in geringer Entfernung von demselben,
wie es der Haushofmeister vorher gesagt hatte,
von einem Knaben angesprochen, der ihr Führer
sein sollte.

Nur eine kurze Strecke waren sie indessen, ge=
führt von dem Knaben, gegangen, als sie einen
Mexikaner bemerkten, der anfänglich ihnen eilig
gefolgt war, dann aber, gleichen Schritt mit ihnen
haltend, in einiger Entfernung hinter ihnen herschritt.

Donna Marina fragte den Knaben, ob der Mann ein Bekannter von ihm sei, und als derselbe verneinte, blieb sie entschlossen stehen, um ihn herankommen zu lassen.

Aber der Mann blieb ebenfalls stehn, und Donna Luisa sagte jetzt ängstlich:

„Laßt uns umwenden, wir erreichen wohl jetzt noch das spanische Quartier unangefochten, gehen wir aber weiter, so ist von dem Menschen, der uns offenbar verfolgt, das Schlimmste zu erwarten."

Donna Marina aber faßte flüchtig nach dem Griffe ihres Messers, um sich zu überzeugen, daß es zur Stelle, ging dann dem Mexikaner entgegen und sagte in der Landessprache zu ihm:

„Warum lauft Ihr uns nach auf Schritt und Tritt? Habt ihr ein Anliegen, so sagt es kurz, wo nicht, so geht Eurer Wege!"

„Ach, Donna Marina," versetzte der Mann, spanisch sprechend, „wenn ich Euch verstehen soll, so redet nicht in diesem gottverfluchten heidnischen Kauderwelsch, sondern sprecht ehrliches Spanisch."

Marina lachte. Sie hatte den angeblichen Mexikaner an der Stimme erkannt.

„Ihr seid es, Xaramillo! Aber was macht Ihr da, so späte noch, und in einem mexikanischen

Mantel gehüllt, auf der Straße. Habt ihr vielleicht ein Liebesabenteuer?"

Xaramillo zögerte einige Augenblicke mit der Antwort, dann sagte er:

„So eigentlich nicht. Aber ich merkte, daß Ihr Etwas vor hattet, und so nahm ich einen dieser einfältigen Mäntel, welche sie uns schenkten, und folgte Euch. Was Ihr auch beabsichtigt, ich werde Euch nicht stören, und Euch auch nicht verrathen, aber ich will Euch beschützen, wenn dieses menschen= fressende Gesindel Euch Etwas zu Leide thun will."

„So tretet zu uns und seid unser Begleiter," versetzte Donna Marina, „und da man Einen der Unsrigen stets auf Dreihundert der Hiesigen rechnet, so habe ich immerhin eine stattliche Leibwache."

Vergnügt dankte Xaramillo für die gegebene Erlaubniß, und dann schritten sie weiter durch die mondbeglänzten Straßen und über die Brücken, welche über die endlose Anzahl von Canälen führten.

Das nächtliche Leben schien zu jener Zeit noch nicht so entwickelt in südlichen Gegenden, wie es heute an vielen Orten der Fall, und so begegneten ihnen nur wenige Menschen, welchen sie indessen kaum auffielen, da auch die beiden Frauen die Landestracht angelegt hatten.

Xaramillo brummte scheltend über die Bauart
der Stadt:

„Haben sich diese Heiden, die den Teufel anbeten," sagte er, „aus Dummheit, oder aus Bos-
haftigkeit hier mitten im Wasser ihre Nester gebaut.
Draußen ist eine trockene Ebene, die ich selbst loben
muß, und hier setzen sie sich in salziges Wasser
und müssen durch eine Leitung von außen sich süßes
Wasser zuführen!"

Xaramillo's Bedenken sind vielleicht theilweise
zu entschuldigen, wenn man sich an ähnliche Fragen
erinnert, die bei der Entdeckung unser Pfahlbauten
aufgeworfen wurden, aber weder Donna Marina
noch Luisa konnten dem Unzufriedenen genügende
Antwort ertheilen, und endlich erreichte man ein
kleines Haus, an dessen Thüre der Knabe, ihr Führer,
pochte.

Man öffnete von innen und eine ältliche Frau
empfing die Eintretenden, aber vorzugsweise Marina,
mit allen Zeichen der Ehrerbietigkeit.

„Wie schön und groß ist meine kleine Malintzin
geworden," sagte sie dann, sich gegen Marina ver-
neigend.

„Ihr scheint mich zu kennen," versetzte diese,
„aber ich gestehe, daß ich mich Eurer nicht erinnere."

„Junge Leute haben ein kurzes Gedächtniß," erwiderte die Alte, „weil ihnen die Gegenwart mehr am Herzen liegt, als die Vergangenheit. Aber was mich betrifft, so erkannte ich Euch sogleich, als ich Euch mit diesen fremden Räubern in Temistian= Mexiko*) einziehen sah, obgleich man in Pinala Euch für todt ausgab, und Einige selbst Euren todten Körper „gesehen haben wollen."

„Pinala," sagte Donna Marina nachdenklich, und leicht erröthend.

„Ja, Pinala!" rief die Frau und man sprach jenesmal Allerlei über Euren Tod, jetzt aber bin ich zufrieden, weil ich weiß, daß Ihr lebt. Erinnert Ihr Euch gleichwohl nicht mehr an Sempola, die Euch oft genug auf ihren Armen trug?"

Allerdings kehrte jetzt die Erinnerung bei Donna Marina zurück und die Sempola Genannte ergänzte das Fehlende.

Sie war eine Nachbarin des Stiefvaters der Donna Marina, diese war als Kind nicht selten in ihrem Hause, kurz nach dem angeblichen Tode der kleinen Malintzin aber verließ sie mit ihrem Manne Pinala, um nach Mexiko zu ziehen, wo sie jetzt als Wittwe lebte.

---

*) Der eigentliche alte Name von Mexiko.

Die Frau schien sich nicht in ungünstigen Ver=
hältnissen zu befinden.

Ihr Haus war spiegelblank und rein, wie denn
überhaupt von fast allen gleichzeitigen Schriftstellern
die Reinlichkeit der alten Mexikaner, bezüglich ihrer
Wohnungen und der Kleidung, hervorgehoben wird.

Die Wände waren mit Matten von Rohr=
geflechte und mit Decken von Baumwollenzeuge be=
hangen, den Fußboden bildeten weiße, glänzende
Steine, welche so enge zusammengefügt waren, daß
man kaum eine Fuge bemerken konnte, und Tische
und Stühle unterschieden sich der Form nach kaum
von den unsrigen, nur daß die letzteren niedrig
waren, und fast Fußschämmeln glichen, da man dort
im Lande, so wie auch an der ganzen Westküste
Südamerika's, nieder, fast hockweise zu sitzen liebte.

Im Uebrigen hatte Sempola eine reichliche Mahl=
zeit in Bereitschaft gehalten, entweder weil das
Landessitte war, oder weil sie vermuthet hatte, daß
Donna Marina nicht allein erscheinen werde.

Zahmes und wildes Geflügel, unter letzterem
zwei Arten, die große Aehnlichkeit mit unserem
Rebhuhne und der Wachtel hatten, Fleischpasteten,
gefüllt mit wilden Kaninchen und Tauben, in Wasser
gesottene Gemüse, die reichlich mit Chil, dem Pfeffer,

der dort beliebt, gewürzt waren, dann süße Kuchen,
Fische und die vortrefflichen Früchte des Landes.

Die Fleischspeisen und das Gemüse befanden
sich auf Schüsseln von Porzellan, oder wenigstens
von sehr feiner Töpferarbeit, und wurden auf
Kohlenbecken von gleichem Materiale warm gehalten,
die Süßigkeiten und Früchte befanden sich auf
Matten und zierlich geordneten Palmenblättern,
auf einem zweiten Tische aber stand Maisbrod
und das Getränke.

Vor Allem Cachanatle, welches nichts anderes
als Chocolade war, welche, wie es scheint, dort
den Spaniern zuerst bekannt, und, der Beschreibung
nach, ein wenig besser bereitet wurde, als dies
gegenwärtig bei uns der Fall ist.

Dann Maguei = Wein, über welchen wir eben=
falls einige Worte sprechen müssen.

Die Maguei = Pflanze (Agave americana L.)
scheint eines der vorzüglichsten Geschenke gewesen
zu sein, welches die alten Götter ihren Lieblingen,
den Mexikanern, verehrten.

Man machte Essig und Honig aus ihrem Safte,
aus den Fasern der Blätter eine Art von Lein=
wand, zur Bekleidung für Alt und Jung, dann
Stricke und Schuhe, aus den Stacheln Nadeln, die

ganzen Blätter aber benützte man als Ziegel zum Decken der Dächer.

Endlich verfertigte man, ebenfalls aus dem Safte, den Maguei = Wein oder die Pulque, und man gewann von einer einzigen Pflanze an hundert Flaschen.

Was aber dieses Getränke betrifft, so benutzten es die alten Mexikaner so ziemlich auf gleiche Weise, wie wir die Spirituosen, mit welchen uns in früheren Zeiten, durch Noah und Andere, der liebe Gott beschenkte, und heute die Wissenschaft und die Fabriken versorgen.

Sie genossen es, dann und wann, mit Mäßig= keit und in Liebe und Eintracht, sie betranken sich aber auch in demselben auf abscheuliche Weise, hielten Tage lang andauernde Zechgelage, „und es galt für eine große Ehre, wenn Einer recht viel davon trinken konnte." *)

Nachdem die ersten Begrüßungen und Wieder= erkennungs=Scenen vorüber, lud Sempola ihre Gäste ein zuzulangen, was diese nicht verschmähten, und während des Essens jene leichten und nichts-

---

*) So sagt ein spanischer Offizier, der Cortez be= gleitete, in einem kleinen Werkchen, welches gegenwärtig nur noch in der italienischen Uebersetzung des Giov. Batl. Ramusio, 1556, übrig ist.   B.

sagenden Gespräche führten, wie dieselben auch heute bei uns unter ähnlichen Umständen gehalten werden.

Nach der Mahlzeit indessen begann das Gespräch zu stocken.

Donna Marina begriff, daß sie nicht allein deßhalb hierher gerufen worden sei, um eine Abendmahlzeit einzunehmen, und da ihre alte Bekannte von Pinala schweigsam und ersichtlich befangen zu werden anfing, so wollte sie dieselbe ankommen lassen, und wurde deßhalb auch wortkarg.

Endlich aber, da Sempola keine Miene machte mit der Farbe herauszurücken, so sagte Marina ohne weitere Umstände:

„Ich liebe nicht lange hinter dem Berge zu halten, meine liebe, alte Freundin Sempola, und da ich glaube, daß Ihr Etwas auf dem Herzen habt, so bitte ich Euch ohne Scheu zu sprechen."

Sempola warf einen Blick nach Xaramillo, der, da er sich doch einmal in fremdem Lande befand, auch dessen Produkte kennen lernen wollte, und sich lebhaft mit dem Genusse des Maguei=Weines beschäftigte, und sagte:

„Dieser Lopelucio (vornehme Herr), der, wie seine Unterkleider zeigen, einer der Teules ist,

welche unsere Stadt beehren, versteht sicher auch
geläufig unsere Sprache zu sprechen?"

„Nein," erwiderte Donna Marina, „keine
Sylbe versteht er, ich schwöre Euch das, es ist
mein Diener, und ich nahm ihn nur aus Gewohn=
heit mit mir, da er mich fast stets begleitet."

Zuverlässig setzte Sempola nicht den mindesten
Zweifel in die Worte Donna Marina's, denn sie
erwiderte sofort:

„Wenn dieser lange Spitzbube Dein Sklave ist
und unsere Sprache nicht versteht, so kann ich un=
gestört mit Dir sprechen, denn dieses Mädchen,
welche Du Luisa nennst, ist eine der Unsrigen, und
wird uns nicht verrathen.

„So höre denn, meine liebe Malintzin, was ich
Dir zu sagen habe, und was Dein Herz mit
Feude erfüllen wird.

„Die Götter haben sich endlich gnädig gegen
uns gezeigt, und uns erkennen lassen, daß diese
fremden Räuber keine Teules, oder Götter sind,
wie wir anfänglich glaubten, sondern sterbliche
Menschen wie wir, und daß der große Montezuma
sich in diesem Augenblicke an dem abgeschnittenen
Haupte eines dieser Spitzbuben erfreut."

Mit ausführlichen Worten und wohl mit viel=
fachen Uebertreibungen erzählte sie jetzt Marina

von einem Zusammenstoße der Mexikaner mit den Spaniern, welcher stattfand, nachdem Cortez schon in Mexiko eingezogen war, und durch seinen, für Spanier unglücklichen Ausgang viel dazu beitrug, das Ansehen dieser letztern zu schwächen.

In der Kürze gegeben, war die Sache folgende:

In der neu angelegten Stadt Villa rica de la Veracruz ließ Cortez den Juan de Escalante, einen tapferen und entschlossenen Mann, als Commandanten zurück, mit dem besondern Befehle, die Stämme, die sich mit den Spaniern verbündet hatten, gegen die allenthalben verbreiteten Truppen des Montezuma zu beschützen.

Da diese letzteren aber nun in der That eine Menge der den Spaniern befreundeten Indianer ausplünderten und brandschatzten, und dies, trotz der dicken Freundschaft Montezuma's und Cortez', dennoch auf des erstern Befehl, so beschloß Juan de Escalante mit den Waffen in der Hand einzuschreiten.

Er entbot verbündete Indianer vom Gebirge, und ging bei Almeria mit ihm verbündeten zweitausend Totonaken, vierzig spanischen Soldaten, drei Armbrustschützen, zwei Musketieren und zwei Geschützen den Truppen des Montezuma entgegen.

Dieser waren viertausend, die tapferen Toto=

naten ergriffen beim ersten Angriffe die Flucht,
und daß die Hand voll Spanier den viertausend
Spaniern gegenüber keine glänzenden Geschäfte
machten, läßt sich denken.

Dennoch aber wurde das kleine Häuflein nicht
vollständig aufgerieben.

Es gelang dem schwer verwundeten Escalante,
sich nach Veracruz zurückzuziehen, wo er freilich,
neben sechs anderen Verwundeten, drei Tage nach=
her starb.

Auf dem Schlachtfelde selbst aber verlor er ein
Pferd, und ein Mann, Namens Arguello aus Leon,
besonders körperstark und von wildem Ansehen,
wurde lebendig von den Mexikanern gefangen.

Der arme Teufel gelangte nicht zu der Ehre,
dem Vitzliputzli oder dessen alten Großmutter Tozi
lebendig geopfert zu werden, denn er starb unter=
wegs an seinen Wunden, und es war sein Kopf,
den man Montezuma überschickte, und an welchem
er, wie Sempola erzählte, sich so außerordentlich
erfreuen sollte.

In Wirklichkeit aber war dieses Vergnügen
nicht so arg.

Denn obgleich der große Montezuma Menschen=
fleisch nicht verschmähte, und, ehe die Spanier in
seine Hauptstadt einzogen, unter anderen guten

Sachen, auch mit Vorliebe kleine Kinder auf seiner Tafel gesehen haben soll, jagte ihm doch der große und mit mächtigem Barte versehene Kopf des guten Arguello großen Schrecken ein.

Er fürchtete sich vor demselben, und ließ ihn keinem der in Mexiko selbst befindlichen Götter, sondern einem auswärtigen Götzen zum Opfer darbringen.

Was Donna Marina betraf, so erschrak sie heftig, als ihre gute Freundin Sempola ihr diese Neuigkeiten mittheilte, und hatte alle Mühe diesen Schrecken zu verbergen.

Der Verlust, den die Spanier erlitten hatten, war eigentlich kein so außerordentlicher, denn selbst die Stelle des wackern Juan von Escalante war wohl wieder zu ersetzen.

Aber der Glaube an die Unsterblichkeit der Spanier war zu Nichte geworden.

Man hatte freilich bisher Verwundete derselben gesehen, sah wohl vielleicht auch Einen oder den Andern todt zur Erde stürzen, aber keiner derselben war in die Hände der Mexikaner gefallen, und so hatte sich das Gerücht verbreitet, daß der Tod bei diesen verwünschten Fremden gewissermaßen wie ein vorübergehendes Unwohlsein zu betrachten sei, von dem sie sich wieder erholten, und vielleicht nachher um so erboster auf ihre Feinde geworden wären.

Der Kopf des Arguello zerstörte alle diese Illusionen.

Er befand sich wohlverwahrt im Tempel eines auswärtigen Götzen, daß man ohne Kopf wieder lebendig werden könne, war selbst für den Glauben der Mexikaner zu stark und dazu kam noch, daß, wahrscheinlicher Weise, die anderen sterblichen Ueberreste des dahingeschiedenen Arguello von den siegreichen Truppen des Montezuma gegessen worden waren.

Donna Marina begriff, welche Gefahr aus dem Bekanntwerden dieser Nachricht für die Spanier entstehen könnte und war unschlüssig, wie sie sich Sempola gegenüber benehmen sollte, und jetzt sagte diese:

„Und nun, Malintzin, weißt Du, wie die Dinge stehen. Lange wird es nicht mehr dauern, so werden alle diese hochmüthigen Fremdlinge unseren Göttern geopfert werden, und sicher thust Du am klügsten, wenn Du heute schon nicht mehr zu ihnen zurückkehrst. Deine Freundin, welche auch eine der Unsrigen ist, wird keinen Anstand nehmen, das Gleiche zu thun. Deinen langen Sklaven aber sende zu den Seinen zurück. Findet er auch mein Haus wieder, so will ich Euch doch so sicher verstecken,

daß Niemand Euch finden soll. Seine Brüder aber
werden bald andere Dinge zu thun haben, als nach
Euch zu suchen."

Sie fügte dann hinzu, daß ihr Stiefvater, der
Kazike, gestorben sei, und schloß, indem sie sagte:

„Ich weiß nicht, warum man Dich jenesmal
von Pinala entfernt und für todt ausgegeben hat,
das aber weiß ich gewiß, daß man jetzt Dich dort
mit offenen Armen empfangen, und daß Deine
Mutter überglücklich sein wird, Dich wieder zu sehen."

Donna Marina beschloß jetzt eben so unverholen,
wie ihre alte Bekannte, zu sprechen.

Sie dankte ihr herzlich für ihren guten Willen,
setzte aber hierauf hinzu:

„Meine nächsten Anverwandten haben mich nicht
zum Besten behandelt, bei den Leuten in Tabasko
wurde ich kaum besser als eine Sklavin gehalten,
und endlich, als eine solche, diesen fremden Männern
geschenkt.

„Diese Männer aber nahmen mich auf, als sei
ich eine der Ihrigen, sie behandeln mich vortrefflich
und erzeigen mir unverdiente Ehre. So soll ihr
Schicksal auch das meine sein, ich werde bei ihnen
bleiben, und ihnen zu nützen suchen, wie es mir
immer möglich ist, und wenn man sie tödtet, so
will ich mit ihnen sterben."

6*

„Du bist eine Närrin, Malintzin," erwiderte
Sempola, „und genau so starrköpfig, wie Du es
schon als kleines Mädchen warst. Möge Tlaloch,
der Gott der Reue und Betrübniß, ferne von Dir
bleibe, und die Großmutter Tozi, die vergötterte
Königin, Dich in ihren Schutz nehmen. Reut Dich
aber Dein thörichter Vorsatz, so findest Du bei mir
stets eine sichere Zuflucht."

„Ein anderer Gott beschützt mich jetzt," versetzte
Donna Marina, „aber habt nochmals Dank für
Eure Güte."

Sie begaben sich herauf auf den Heimweg, und
Donna Luisa sagte lachend:

„Mich hat keine Seele gefragt, ob ich auch so
edelmüthig sein wolle als Du, trotzdem bleibe ich
genau so wie Du, wo ich gegenwärtig bin. Mein Herr
Vater Xicotenga hat für mich zu Hause, mit den
besten Willen, keinen Mann auftreiben können, wir
waren aber kaum einige Stunden bei den Spaniern,
so habe ich den Don Petro von Alvarado, den
prächtigsten Kavalier von der Welt, bekommen.
Schon daraus sieht man, daß die Spanier ganz
andere Leute sind als die Unsrigen."

„Und dann, Luisa," sagte Donna Marina, „sind
wir durch diese unsere Freunde vom Götzenglauben

abgebracht und unserer wahrhaftigen Religion theil=
haftig geworden!"

„Ja," erwiderte Donna Luisa, „auch dieser sind
wir theilhaftig geworden."

Obgleich sie später eine vortreffliche Christin
wurde, schien zur Zeit Don Pedro doch fast noch
mehr zu ihrer Anhänglichkeit an die Spanier bei=
zutragen, als die Lehren des Pater Bartholomäus.

Xaramillo schlenderte neben den beiden Frauen
her und befand sich, in Folge des ziemlich reichlich
genossenen Maguei=Weines, offenbar in höchst ge=
müthlicher Stimmung.

Er stimmte ein spanisches Liedchen an und als sie
etwa die Hälfte des Weges zurückgelegt hatten,
sagte er:

„Wären nicht diese Menge von einfältigen Brücken,
so könnte man glauben in Sevilla, oder einer andern
Stadt unseres gesegneten Spaniens zu sein, denn
ich weiß nicht, macht es das Mondlicht, oder der
Pulque Eurer Freundin, aber die Häuser sehen jetzt
ganz anders aus als vorhin auf dem Hinwege.

„Aber," setzte er hinzu, „aus Euren Mienen
habe ich bemerkt, daß Ihr einmal mit Eurer alten
Bekannten von mir sprachet. Was habt Ihr denn
der guten Frau von mir erzählt?"

„Ich sagte ihr," erwiderte Donna Marina scherzend, „Ihr wäret mein Mann."

„Malt den Teufel nicht an die Wand!" versetzte Xaramillo, offenbar wurde aber durch diese Worte Marina's seine Heiterkeit eher vermehrt als vermindert, und er kehrte mit der besten Laune von der Welt in das Quartier der Spanier zurück.

Die Heiterkeit des Cortez war indessen keine allzu große, als Donna Marina ihm sogleich nach ihrer Nachhausekunft das Gehörte mittheilte.

Schweigend runzelte er eine Zeit hindurch die Stirne, dann sagte er:

„Weiß Xaramillo von der Sache?"

„Nein," antwortete Donna Marina.

„Gut, da aber Donna Luisa Euch begleitete, so hat Alvarado unbedingt, so gut wie ich, zur Zeit schon Alles erfahren.

„Seid so gut, und ruft mir ihn, und laßt uns dann allein."

Bis späte in die Nacht dauerte die Unterredung des Cortez mit Alvarado, der Gegenstand derselben blieb aber kein Geheimniß.

Bereits am folgenden Tage schlichen sich heimlich, und ohne den Mexikanern auffällig zu werden, zwei Tlaskalaner in das spanische Quartier und brachten Briefe von Veracruz, durch welche die von

Sempola mitgetheilte Nachricht vollständig bestätigt wurde.

Cortez hielt nun mit seinen Hauptleuten einen Rath, und man beschloß ohne weitere Umstände den König Montezuma gefangen zu setzen, was wirklich noch an demselben Tage geschah.

Die Abführung Montezuma's in das spanische Quartier erfolgte sechs Tage nach dem Einzuge der Spanier in Mexiko, und zwanzig Tage später ließ Cortez seinen Gefangenen für eine kurze Zeit selbst Fesseln anlegen.

Man hat über diese Behandlung des „unglücklichen Montezuma" von vielen Seiten aus ein großes Lamento aufgeschlagen.

Es steht indessen fest, daß dieser „Unglückliche", während er den Spaniern gegenüber den Angenehmen spielte, heimlich das Möglichste that, sie zu verderben, und nur von seiner Schwäche und Muthlosigkeit abgehalten wurde, offen gegen sie aufzutreten.

Cortez dagegen, einmal so weit gegangen, konnte von seinem Standpunkte aus kaum anders handeln als wie er wirklich that.

Es wäre vielleicht moralischer gewesen, wenn er in Spanien geblieben und durch schwunghaften

Betrieb eines einträglichen Geschäfts sich anständig
zu ernähren gesucht hätte, da er aber nun einmal
mit seinen vierhundert und fünfzig kecken Gesellen
sich in Mexiko befand, so konnte ihm vernünftiger
Weise Niemand zumuthen, sich und den Seinen ge=
duldig die Kehle abschneiden zu lassen.

Kapitel IV.

La triste noche. Von der ungeheueren Schande, welche
dem Hauptmann Juan Jaramillo widerfuhr, und wie
viel der Spanischen mit dem Leben davon
gekommen sind.

Wir haben weiter oben in gedrängter Kürze
eine Uebersicht der Schicksale gegeben, welche die
Spanier in den ersten Jahren ihres Aufenthaltes
in Mexiko zu bestehen hatten.

Indem wir auf diese flüchtige Skizze verweisen,
verlassen wir jetzt, nach der Gefangennehmung
Montezuma's, Cortez und die Seinen für einige
Zeit, und nehmen den Faden unser Erzählung erst
Ende Juni des folgenden Jahres, 1520, wieder auf,
also fast nach acht Monaten.

Es hatte sich Vielerlei ereignet während dieser
Zeit, aber trotzdem, daß Cortez durch die Truppen
des Velasquez, welche er schlug, und die hierauf zu
ihm übergingen, seine Streitkräfte bedeutend ver=

mehrt hatte, stand es dennoch schlimm um die
Sache der Spanier in Mexiko.

Der Glaube an ihre Unsterblichkeit war dahin.
Man nannte sie zwar noch Teules, Götter, aber
man sprach davon diese Teules zu tödten, und ganz
Mexiko war im offenen Aufstande gegen die Herrschaft der Fremden begriffen.

Täglich, ja stündlich wurden Angriffe mit gewaffneter Hand auf die Spanier gemacht, sie waren
fast einzig auf den Aufenthalt in einem großen
Opfertempel beschränkt, welchen sie als Festung benutzten, und was noch schlimmer war, als der Verlust an Leuten und die bedrohliche Abnahme von
Munition, war der Umstand, daß die Mexikaner
ihnen das Wasser abschnitten und keine Nahrungsmittel zu ihnen gelangen ließen.

Die tägliche Ration, welche Einer von ihnen
erhielt, bestand aus fünfzig Maiskörnern.

Cortez bot nun den Mexikanern den Frieden
an, aber diese lachten ihn aus.

„Jetzt also bittet Ihr um Frieden," sagten sie,
„wohlan, so kommt denn heraus und seht, wie wir
uns vertragen werden!"

Freilich befand sich Montezuma noch immer in
der Gewalt der Spanier, aber die Mexikaner hatten
sich einen andern König gewählt, einen Vetter

Montezuma's, den früheren Fürsten von Iztapalapan, welcher Cuitlahnatzin hieß, und Montezuma selbst besaß nur noch einen Schatten des früheren Ansehens.

Dennoch machte Cortez den Versuch, durch Montezuma den Frieden zu gewinnen, und nach vielen vergeblichen Versuchen ließ er sich endlich bewegen, zu Gunsten der Spanier zu seinen früheren Unterthanen zu sprechen.

Unter einer starken Bedeckung der Spanier trat er, in Mitte der Feindseligkeiten, an die Brüstung eines Söllers und begann zu sprechen, indem er die Mexikaner bat, den Kampf einzustellen, da die Spanier so bald als möglich Mexiko verlassen wollten.

Er wurde augenblicklich von den Führern der Mexikaner erkannt, sie befahlen das Pfeilschießen und Werfen mit Steinen einzustellen, und einige derselben traten vor, seine Rede zu beantworten, indessen mit für die Spanier wenig tröstlichen Worten.

„Ach, gnädiger Herr," sagten sie, „wie nahe geht uns Euer Unglück, und das Unglück Euerer Kinder und Verwandten! Wir dürfen Euch aber nicht verhehlen, daß wir einen Euerer Vettern auf den Thron dieses Landes erhoben haben.

„Täglich haben wir unsere Götter Huitzilopochtli und Tetzcatipuca*) angefleht, Euch aus der Gewalt dieser Fremden zu befreien, und sollte das noch geschehen, so werden wir Euch in größeren Ehren halten als zuvor, und hoffen auch, daß Ihr uns unser gegenwärtiges Betragen verzeihen werdet. Was aber den Krieg betrifft, so müssen wir ihn endigen wie wir ihn begonnen. Wir haben dies den Göttern geschworen, und werden nicht eher ablassen, als bis keiner dieser Fremden mehr am Leben ist."

Niemand wird läugnen, daß diese Rede so höflich als mannhaft war, und eben so den Umständen vollkommen angemessen.

Allein kaum war dieselbe beendet, so begannen die Mexikaner sofort die Spanier wieder mit einem Hagel von Pfeilen und Steinwürfen zu überschütten, und Montezuma wurde durch einen Pfeilschuß am Kopfe und durch drei Steinwürfe getroffen.

In seine Gemächer zurückgebracht, wies er alle

---

*) So schreibt Diaz die Namen dieser Götter, die muthmaßlich Vitzliputzi und Tescaliputza (oder Tlaloch) sind. Auf gleiche Weise schreibt er stets Montecusuma, statt Montezuma. Es hat aber das, wie wir glauben, wenig auf sich.   B.

Hülfe von sich und gab kurze Zeit darauf seinen Geist auf.

Es ist begreiflich, daß dieses unglückliche Er=
eigniß nur dazu beitrug, die Lage der Spanier zu
verschlimmern, und da Cortez wohl begriff, daß
alle weitern Vorschläge zum Frieden vollständig
nutzlos, und eben seine Stellung unhaltbar, so be=
schloß er, sich mittelst einer List aus der Klemme
zu ziehen, würde das aber nicht gelingen, auf Tod
und Leben hin sich durchzuschlagen.

Er verwahrte noch einige Gefangene, Priester
und vornehme Würdenträger der Mexikaner, und
diese sendete er zu ihren Landsleuten, mit dem Be=
deuten, daß er sich entschlossen habe, binnen acht
Tagen die Stadt zu verlassen, alle gewonnenen
Schätze aber zurück zu lassen.

Die Mexikaner lachten ihn aus!

Es war ihnen durchaus nicht mehr darum zu
thun, die Fremden zu entfernen, sondern sie wollten
sie tödten, um dieselben zu religiösen und ökonomi=
Zwecken zu verwenden, das heißt ehrfurchtsvoll die=
selben zuerst den Göttern zu opfern, und hierauf
zu genießen.

Was dem Einen recht ist, muß dem Andern
billig sein, und wenn wir Cortez das Recht zuge=
standen, da er doch einmal ein Eroberer war,

energisch mit seinen Gegnern zu verfahren, so
müssen wir auch diesen Gegnern gestatten, sich, auf
die in ihrem Lande gebräuchliche Weise, ihrer Haut
zu wehren.

Da die Spanier bei verschiedenen Ausfällen
bereits die Erfahrung gemacht hatten, daß ein
Theil der Brücken abgebrochen, andere mit Pali=
saden gesperrt waren, so ließ Cortez eine bewegliche
Brücke bauen, und beschloß, sogleich in der ersten
Nacht, nachdem er den Mexikanern jenes An=
erbieten hatte machen lassen, sich durchzuschlagen.

Es war das die Nacht vom 1. auf den 2. Juli
1520, welche, wie wir schon erwähnten, die Spa=
nier mit dem Namen „la triste noche“ be=
zeichneten.

Unmöglich, und unvereinbar mit den Grenzen,
welche wir uns bei unserer Erzählung vorzeichneten,
ist es, die Vorgänge dieser Triste noche nur halb=
wegs ausführlich zu schildern, wir müssen uns auf
die kürzesten Angaben beschränken, und können nur
den Schicksalen unser Freundin Donna Marina
einige Aufmerksamkeit schenken.

Im Allgemeinen mag von vornherein bemerkt
werden, daß wohl zwei Drittel der Spanier und
der mit ihnen eingeschossenen wackern und treuen
Tlaskalaner getödtet wurden. So wurde zum Bei=

spiele die runde Summe von hundert Spaniern, welche sich auf einen befestigten Tempel drei Tage lang gegen die Bevölkerung von ganz Mexiko vertheidigten, endlich durch Hunger gezwungen sich zu übergeben, und sämmtlich den Göttern geopfert.

Ein Hauptunglück für die Spanier war, daß die von ihnen hergestellte bewegliche Brücke gleich beim ersten Canale umschlug und für sie verloren ging, da die Mexikaner sie kampfbereit erwarteten und, sobald ein Theil der Spanier die Brücke überschritten hatte, unter dem Rufe:

„Auf Tlateluco! Auf Tlateluco! Heraus mit Deinen Kähnen, die Teules wollen sich davon machen! Schneidet ihnen den Weg ab!" mit ungeheuerer Uebermacht über sie herfielen, und auf diese Weise schon sogleich den Vortrab in Unordnung brachten.

Sehen wir nach dem Nachtrabe.

Juan Velasquez von Leon, und Pedro von Alvarado, der Freund Donna Luisa's, commandirten denselben. Er bestand aus dem größten Theile der Reiterei, hundert Mann Fußtruppen und einem großen Theile der Leute aus Velasquez kleinem Heere, welche zu Cortez übergegangen waren.

Einige Gefangene, worunter drei Söhne des Montezuma, ferner Donna Marina und Luisa, waren dem Nachtrabe beigegeben, und unter besondere Obhut von dreihundert Tlaskalanern und dreißig Spaniern unter dem Hauptmanne Xaramillo gestellt.

Der Hauptangriff der Mexikaner geschah auf den Vortrapp, den Cortez führte, welchen sie sofort erkannten.

Aber Cortez hatte mit einem Theile der Seinigen bereits das jenseitige Ufer erreicht, und da man dort am heftigsten stritt, so gelang es Alvarado, wenngleich nicht ohne Verluste, mit einem großen Theile seiner Leute ebenfalls über den Canal zu gelangen.

Die Brücke, deren er sich bediente, waren die Leichname von Menschen und Pferden, ferner Koffer und anderes Gepäck, mit welchem der Canal an einzelnen Stellen so angefüllt war, daß man mit einigem Glücke darüber hinweg kommen konnte.*)

*) Wir lassen Alvarado, nach der Angabe von Bernal Diaz, und seiner eigenen Meldung an Cortez nach, auf diese Weise über den Canal gelangen. Viel aber wurde von einem berühmten Sprunge gesprochen und geschrieben, den Alvarado über diesen Canal mittelst seiner Lanze gemacht haben soll. Torquemada spricht von diesem Sprunge, ein gleichzeitiger tlaskalanischer Schriftsteller, Diego Mannoz Camargo, erzählt von demselben, und selbst

Donna Marina hatte, statt ihres Messers,
einigen Schmuck an ihrer Brust geborgen, das
Messer aber führte sie in der Rechten, wenn es
nöthig war, kämpfend wie ein Mann.

Sie hatte bereits, mitten im Gewühle des
Kampfes, das jenseitige Ufer erreicht, als Xara=
millo, der sich stets an ihrer Seite gehalten hatte
und eben im Begriffe war, ebenfalls das Ufer zu
erklimmen, plötzlich ausglitt und in's Wasser stürzte.

Der wackere Hauptmann trug einen ziemlich
schweren Brustharnisch, am linken Arme einen
Schild, schwere Stiefel und überdieß unter seinem
Brustharnische so viel an Goldbarren, als er dort
hatte bergen können, da Cortez von den aufgehäuf=
ten Schätzen Jedem so viel einzustecken erlaubte,
als er glauben mochte fort zu bringen.

Diese Belastung machte selbstverständlich das
Schwimmen vollständig unmöglich, aber sie machte
auch das Anklammern an der ohnedem glatten und

Alexander von Humboldt erwähnt dessen. Wir folgen
aber, wie erwähnt, unserem Diaz, weil er ein Augen=
zeuge war, weil Alvarado dem Cortez selbst erzählte, daß
er über Leichname und dergleichen den Canal überschritt,
und endlich, weil wir noch mehr Leute über diesen Canal
zu bringen haben, welche wir denselben unmöglich alle
an Lanzen überspringen lassen können.   B.

schlüpfrigen Uferwand höchst schwierig, und so kam es, daß Xaramillo untersank, für einen Augenblick mit dem Kopfe wieder über der Oberfläche des Waſſers erſchien, dann wieder verſchwand und zuverläſſig bald für immer verſchwunden wäre, hätte Donna Marina nicht ſeine Bedrängniß bemerkt.

Rings umher ſchlug man ſich und Jeder hatte genug zu thun den Lanzenſtößen und Schwerthieben der Feinde auszuweichen, ſeinerſeits dafür Aehnliches auszutheilen, und zugleich, war man Spanier, einen Schritt vorwärts zu gewinnen, um aus dem verwünſchten Mexiko zu kommen, dabei waren die Hülferufe der mit den Wellen Kämpfenden in jener Nacht etwas ſo Gewöhnliches, daß Niemand beſondere Rückſicht darauf nahm.

Donna Marina indeſſen ließ ihren langen Begleiter nicht im Stiche.

Sie ſteckte ihren Dolch in die Erde, legte ſich flach nieder am Ufer des Canals, beide Arme in Bereitſchaft haltend, und als der Kopf des armen Xaramillo wieder zum Vorſchein kam, faßte ſie ihn bei den Lederbändern, mit welchen ſeine Sturmhaube befeſtigt war, und zog, gleichzeitig ihn über dem Waſſer haltend, ihn an den Rand des Ufers.

Inſtinktartig hatte der wackere Hauptmann ſeinen Degen bisher in der Fauſt behalten, jetzt aber warf er ihn auf das Ufer, hob sich mit beiden Armen an demselben in die Höhe, und während Donna Marina, die sich nun erhoben hatte, ihm kräftige Hülfe leistete, war er in wenigen Augenblicken am Lande.

Und jetzt ergriff Xaramillo seinen Degen und Donna Marina ihr Dolchmesser, und da keine Zeit war Redensarten auszutauschen, so warfen sich Beide auf einen Haufen Mexikaner, die Donna Luisa, nur beschützt von einem einzigen spanischen Soldaten und ein paar Tlaskalanern, hart bedrängten.

Trotz ihrer bedeutenden Ueberzahl ergriffen die Mexikaner doch bald die Flucht, ohne Zweifel erschreckt durch das plötzliche Erscheinen Xaramillo's, und wie es unter ähnlichen Verhältnissen bisweilen zu gehen pflegt, so befanden sich jetzt unsere Freunde, obgleich man sich ringsum fast allenthalben schlug, doch nur allein und keinem Feinde gegenüber.

An ein Commando, an ein regelmäßiges Vorrücken, ja nur an ein Zusammenhalten der Truppen war in jener unglücklichen Nacht nicht mehr zu denken.

Nachdem die bewegliche Brücke, auf welche die Spanier ihre volle Hoffnung gesetzt hatten, beim ersten Versuche sie zu benützen verunglückt war, und gleichzeitig die ungeheuere Uebermacht der Mexikaner

7*

von allen Seiten auf die Abziehenden sich stürzte,
wurde aus diesem Abzuge eine Flucht, eine un=
geregelte Flucht, bei welcher Jeder nur trachtete
sobald als möglich Mexiko hinter sich zu haben.

Unser kleines Häufchen, Donna Marina und
Luisa, Xaramillo und ein zweiter Spanier, dann
ein Dutzend Tlaskalaner, überlegten eben, wie dies
am besten in's Werk zu setzen, als einer der Tlas=
kalaner einen Vorschlag machte.

„Diese mexikanischen Hunde", sagte er, „haben
alle Kähne, deren sie habhaft werden konnten, an
diese Seite der Canäle gebracht, um uns den
Uebergang zu verwehren. Da aber trotzdem ein
Theil der Unsrigen bereits das feste Land erreicht
hat, so ist kaum zu bezweifeln, daß Viele von ihnen
ihre Kähne verlassen haben, um am Lande mit den
Unsrigen zu kämpfen. Suchen wir durch diesen Stadt=
theil zu gelangen, und am Ufer des zweiten Canals
vielleicht einige Kähne zu gewinnen. Haben wir
einmal, drüben, das feste Land erreicht, so werden
die Götter uns weiter helfen."

„Nicht übel," erwiderte Xaramillo, „gehen wir
die Kähne suchen, und erreichen wir das feste Land,
so ist es mir vorläufig gleichgültig, ob Euere
Götter, oder der Teufel uns dorthin geführt haben,

denn zwischen Beiden ist kein großer Unterschied. Aber helfe, was helfen mag!"

Die Mexikaner, mit welchen unsere Freunde sich kurz vorher noch geschlagen hatten, waren spurlos verschwunden, einige andere kämpfende Gruppen hatten sich ebenfalls entfernt, und die Tlaskalaner, welche sich noch am besten in der Stadt auskannten, gingen voran, um durch die sich kreuzenden Straßen den nächsten Weg zum zweiten Canale zu finden.

Es war, wie Diaz sagt, eine ziemlich dunkle Nacht, ein leichter Nebel lag über der Stadt und dem Wasser, und es fiel ein feiner Regen.

Für Leute aber, wie die Indianer von Tlaskala, und unsere beiden spanischen Abenteurer, waren das keine Hindernisse den Weg nicht so gut wie bei Tage zu finden, und, immer zum Kampfe gerüstet, schritten sie in guter Ordnung vorwärts, um, stets Querstraßen einhaltend, zum jenseitigen Canale zu gelangen.

In einiger Entfernung hörte man den Lärm des Kampfes, das wüthende Geschrei der Mexikaner und den Schlachtruf der Spanier: „Santjago!" indessen nur wenige Schüsse, theils weil die Munition spärlich geworden war, theils weil die Zeit zum Laden gebrach. In den Straßen aber, welche

unsere Freunde durchschritten, herrschte Ruhe und
Stille.

Die Männer waren ausgezogen die Spanier
zu bekämpfen, die Frauen hielten sich geborgen in
ihren Häusern, und nur hier und da schimmerte
durch die Ritze eines Ladens ein schwacher Licht=
schein.

Plötzlich faßte Xaramillo Donna Marina
am Arme:

„Sennorita," sagte er mit gedämpfter Stimme,
„hier ist das Haus Euerer Freundin von Pinala,
welche Euch Schutz und Hülfe versprach. Trotz=
dem daß die Läden geschlossen sind, sieht man doch,
daß Licht im Innern brennt. Pocht an und tretet
ein, so seid Ihr gerettet."

Donna Marina warf einen Blick nach dem
Hause und erkannte es in der That als das ihrer
alten Bekannten Sempola. Sie ging indessen vor=
über und entgegnete dem Hauptmann:

„Ich bin eine Christin, Don Juan Xaramillo,
und gehöre Cortez an, Eurem großen Heerführer,
und was auch das Loos der Spanier sein möge,
so ist es auch das meinige."

„Und ich", versetzte Xaramillo, „gehöre Euch
an, Donna Maria, und bin Euer Hund, der nicht

mehr von Eueren Fersen weichen und Euch im Nothfalle mit seinen Zähnen vertheidigen will!"

Der gute Hauptmann Xaramillo war ein wenig in Begeisterung gerathen und wir zweifeln nicht, daß er Wort gehalten haben würde, es fügte sich indessen anders.

Die vorausgehenden Tlaskalaner hatten nun fast das Ufer des letzten Canals erreicht und blieben jetzt vorsichtig spähend stehen, dann warf sich Einer von ihnen auf die Erde, um kriechend die Uferwand zu erreichen und zu erforschen, ob ihre Vermuthung bezüglich der Kähne sich bestätigen würde, und der Erfolg war in der That ein höchst günstiger.

Zwar nicht an dieser Stelle, aber kaum fünfzig Schritte weiter abwärts, lagen acht bis zehn Kähne am Ufer befestigt, und man machte sich nun, so viel als möglich sich längs der Häuser haltend, auf, um die Stelle zu erreichen und mittelst der Kähne das feste Land gewinnen zu können.

Noch etwa zehn Schritte hatte man zu gehen, um bis zu dem ersten Kahne zu gelangen, als der dem kleinen Zuge voranschreitende Tlaskalaner plötzlich stille stand.

Dann stieß er einen leisen Warnruf aus, und trat einen Schritt zurück.

Im nächsten Augenblicke erscholl der Schlacht=

ruf der Mexikaner, und Jaramillo und die Seinen
waren von sicher der dreifachen Ueberzahl von
Feinden umringt, und der Ueberfall geschah so
plötzlich und mit solcher Heftigkeit, daß die An=
gegriffenen kaum von ihren Waffen Gebrauch
machen konnten.

Wahrscheinlich hatten die Mexikaner, ihre Kähne
bewachend, dicht an den Häusern, im Schatten der=
selben, auf der Erde gelegen, und, ihre Feinde
schon von der Ferne erblickend und deren Absicht
errathend, ließen sie dieselben ankommen, um sie
mit ihrer Ueberzahl zu bewältigen.

Kaum wäre ihnen das mißlungen, wenn nicht
die Fechtweise, deren sich in jener Nacht die Mexi=
kaner vorzugsweise bedienten, dieselben in Nachtheil
gebracht hätte.

Diese Fechtweise bestand darin, sich in der
Mehrzahl an einzelne Feinde zu drängen, sie zu
entwaffnen und, womöglich unverwundet, gefangen
zu nehmen, um sie später den Göttern opfern zu
können, und ein Augenzeuge jener triste noche
sagt, daß kaum ein einziger Spanier mit dem
Leben davon gekommen wäre, wenn die Mexikaner
nicht wie wahnsinnig darnach gestrebt hätten, sie
lebend in ihre Hände zu bekommen.

Gründlich haßten sie freilich auch die Tlaska=

laner, als die Bundesgenossen der Spanier, aber
jene wurden als weniger feine und den Göttern
wohlgefällige Opfergegenstände betrachtet, als die
Teules, die Spanier selbst.

Aus diesem Grunde hatte sich im ersten Augen=
blicke des Ueberfalles ein halbes Dutzend Mexikaner
auf Xaramillo geworfen, und während einer der=
selben seine Arme festhielt und ihn verhinderte von
Schwert und Dolch Gebrauch zu machen, suchten
die andern eine Schlinge an seinen Füßen zu be=
festigen, um ihn zu Boden zu werfen.

Der wackere Xaramillo wehrte sich wie ein Ra=
sender, seine Feinde aber waren ihm zu rasch auf
den Leib gekommen, und ohne Zweifel wäre er in
der kürzesten Zeit von ihnen zu Boden geworfen
worden, hätte Donna Marina nicht eben noch recht=
zeitig seine Bedrängniß bemerkt.

Sie hatte eben mit einem der Feinde einen
siegreichen Kampf bestanden. Die Mexikaner ge=
brauchten zu jener Zeit schwere zweihändige
Schwerter von Holz, die oben mit einer in das
Holz eingelassenen Klinge von Feuerstein versehen
waren. Der Mann führte einen wuchtigen Hieb
mit einem solchen Schwerte nach ihr, der sie un=
bedingt getödtet haben würde, Donna Marina aber
sprang flink zur Seite, dann aber eben so rasch

gegen ihren Feind, den sie mit einem Stiche ihres
Messers in den Hals tödtete, ehe er zu einem zweiten Hiebe ausholen konnte.

In diesem Augenblicke sah sie die Noth, in
welcher sich ihr Freund Xaramillo befand.

Sie stürzte hinzu und auch hier vollbrachte ihr
Messer blutige Arbeit.

In wenigen Sekunden war der rechte Arm Xaramillo's frei, und eben so rasch hatte er sich mittelst
des Knaufes seines schweren Haudegens der beiden
seiner Feinde entledigt, welche sich an seinen linken
Arm gehängt hatten, und jetzt gab die Wuth, in
welche er versetzt war, der Sache den Ausschlag.

Die Spanier hatten eine außerordentliche Ab-
neigung gegen den Gedanken, den mexikanischen
Göttern geopfert zu werden.

Theilweise vielleicht von ihrem Standpunkte als
gute Christen aus, großentheils aber wohl auch ge-
wisser religiöser Ceremonien wegen, welche die
mexikanischen Opferpriester ausübten, und welche mit
bedeutenden Unannehmlichkeiten verknüpft waren für
das Subjekt, welches geopfert werden sollte.

Xaramillo aber, der gar wohl begriffen hatte,
weßhalb man sich seiner lebend bemächtigen wollte,
stürzte sich, als er wieder frei geworden, mit solcher
Raserei auf die Mexikaner und theilte so furchtbare

Schwerthiebe aus, daß bei diesen die frühere Furcht
vor den spanischen Kämpfern wieder rege wurde.
Sie begannen zurückzuweichen, und da der andere
Spanier und die Tlaskalaner den Hauptmann
wacker unterstützten, so war ihre Flucht bald eine
vollständige.

Die Kähne waren gewonnen, und nachdem man
die Feinde noch eine kurze Strecke verfolgt hatte,
zögerte man nicht, sich in die Kähne zu begeben,
um so rasch als möglich das jenseitige Ufer zu
erreichen.

Als man sich bereits eine Strecke weit auf dem
Wasser befand, sagte Xaramillo halblaut zu Donna
Marina:

„Es ist eine große Schande!"

„Was denn?" entgegnete diese.

„Eine große, eine ungeheure Schande!" wiederholte der Hauptmann.

„Werde ich erfahren," sagte jetzt Donna Marina, „was Ihr für eine so große Schande haltet?"

„Daß eine Frau, in einer einzigen Nacht, zweimal einem Manne das Leben gerettet hat!" antwortete Xaramillo.

„Gebt Acht," erwiderte Donna Marina lachend,
„daß es nicht zum dritten Male geschieht."

Das war Alles, was zwischen den Beiden über

die Vorgänge dieser Nacht gesprochen wurde. Was
übrigens Donna Marina betraf, so wußte sie frei=
lich, daß die scheinbar mürrischen Worte des Haupt=
manns aus dem dankbarsten Herzen kamen.

Eine Gelegenheit zu einer dritten Rettung fand
indessen in dieser Nacht nicht statt, Donna Marina
aber, und Donna Luisa, finden wir später in
den unterirdischen Gewölben eines Opfertempels
außerhalb Mexiko's wieder.

Die Spanier hatten sich in demselben festgesetzt,
und konnten sich dort, für einige Zeit, mit Erfolg
vertheidigen. Die beiden Frauen aber lagen, an
einander geschmiegt wie zwei Kinder, und bedeckt
mit einem alten Reitermantel, auf der Erde,
frierend, und Gott dankend für ihre Rettung und
die derjenigen, welche die Ihrigen geworden waren,
wenngleich diese Rettung nicht allzu glänzend aus=
gefallen war.

Denn:

Am 24. Juni 1520 zog Cortez wieder in
Mexiko ein, wo Alvarado mit etwa achtzig Spa=
niern lag. Mit den Truppen, welche von der
gegen ihn ausgesendeten Streitmacht des Velasquez
auf Cuba zu ihm übergegangen waren, brachte
Cortez fast vierzehnhundert Mann mit sich.
Darunter siebenundneunzig Reiter, achtzig Arm=

brustschützen und eben so viele Musketiere, mehr als zweitausend Tlaskalaner und, wie Diaz schreibt: „mit der schönsten Artillerie."

Nach dem Auszuge aus Mexiko kamen die Spanier gegen Mitte Juli desselben Jahres in Tlaskala an mit vierhundert und vierzig Mann, zwanzig Pferden, zwölf Schützen und sieben Musketieren.

Von den Frauen, welche die Spanier begleiteten, kamen, bis auf Donna Marina und Luisa, fast alle um das Leben.

Ein alter frommer Spruch aber sagt, man müsse Gott für Alles danken, und wir wollen dem nicht widersprechen.

Kapitel V.

Von einer zweiten, kaum weniger schlimmen Nacht als jene, so im vorigen Kapitel abgehandelt worden, von der Verzweiflung Donna Marina's, wie sie ihre liebe Mutter und andere gute Freunde wiedersah, und eine „Versorgung" bekam, respektive verheirathet wurde.

Wenn man alle Dienste aufführen wollte, welche Donna Marina Cortez, und überhaupt den Spaniern, leistete, so müßte man einfach eine Geschichte der Eroberung Mexiko's schreiben.

Allenthalben, wo irgend eine Gefahr zu bestehen war, finden wir den Namen dieser wackeren, treuen und besonnenen Frau erwähnt, und ihre Nützlichkeit für die Spanier bestand nicht allein im Dolmetschen, sondern, sie errang auch bedeutende Vortheile für dieselben durch ihre Kenntniß mit den Sitten und Gebräuchen der Eingeborenen, durch Rathschläge und durch vermittelnde Worte.

Ein einzig Mal finden sich Zeichen von Schwäche bei dieser merkwürdigen Frau erwähnt, und das

zwar bei der zweiten Eroberung Mexiko's
durch Cortez im Jahre 1521, wohl aber ist diese
von Donna Marina gezeigte Schwäche zu entschul=
digen, wenn man deren Veranlassung erfährt.

Es ist unmöglich, ein klares Bild zu erhalten
von der Belagerung und Erstürmung Mexiko's,
ohne einen Plan der Stadt aus jener Zeit vor sich
zu haben, und kaum wird ein solcher existiren.

Die gleichzeitigen Geschichtsschreiber aber, welche
Augenzeugen waren, und eben so unser Bernal
Diaz, sprechen von der Stadt Mexiko und ihren
Straßen und Tempeln, vom See, und von der un=
zähligen Menge von Gräben, Dämmen und Canälen,
wie von Dingen, welche aller Welt so genau bekannt
sein müßten, als ihnen selbst.

Ist aber deßhalb ein Totalüberblick nicht mög=
lich, so können wir auf der andern Seite uns denn=
noch von verschiedenen einzelnen Vorgängen und
Kampfesscenen ein ziemlich deutliches Bild gewinnen,
und ein solches wollen wir jetzt zu schildern ver=
suchen, indem wir dabei der Erzählung unseres
Bernal Diaz folgen.

Nachdem er, auf oben erwähnte Weise, von den
Canälen, Dämmen und Wassergräben spricht, welche
des Tages über die Spanier unter steten Kämpfen
auszufüllen bemüht waren, während sie die Mexi=

kaner des Nachts wieder mit Wasser füllten, erwähnt er eines kühnen Gedanken Cortez.

Ueberdrüssig dieser ewigen Plackereien, beschloß
er einen Handstreich.

Mit der gesammten ihm zu Gebot stehenden
Macht wollte er über die Dämme und Canäle hinweg stürmen, in die Stadt selbst eindringen und
auf dem Tlatelolco, dem Hauptplatze Mexiko's, der
bedeutend größer als der von Salamanka war, sein
Lager aufschlagen und von dort aus, auf festem
Boden, die Mexikaner bekämpfen.

Der kecke Plan fand im Kriegsrathe Gegner,
dennoch aber bestand Cortez darauf ihn durchzuführen, und Diaz, indem er die zu Gebot stehenden
Streitkräfte anführt, sagt wörtlich:

„Nachdem Cortez unsere guten (gegen seine
Ansicht lautenden) Gründe, welche wir schriftlich
eingaben, gelesen, bestand er dennoch darauf, daß
alle drei Divisionen mit sämmtlichen Reitern,
Musketieren und Schützen, am andern Tage mit
dem größten Nachdrucke bis auf den Tlatelolco
vordringen, und daß die Mannschaften von Tlaskala und Tezuco und die Ortschaften in den Seen,
die sich kürzlich unterworfen, aufgefordert werden
sollten, kräftig mitzuwirken, und die Letztern besonders,

unseren Brigantinen mit allen ihren Kähnen Beistand zu leisten."

Auch die größten Feinde der Spanier j e n e r Z e i t*) vermögen nicht ihnen Muth und zähe Ausdauer abzusprechen.

In Folge dessen gaben sie den Widerstand gegen Cortez Plan auf, und am nächsten Morgen stürmten die drei Heereshaufen, oder Divisionen, wie Diaz sagt, von drei verschiedenen Seiten aus, gegen die Stadt an.

Am Anfange ging Alles vortrefflich.

Cortez und Sandoval drangen wacker vorwärts mit ihren beiden Divisionen, und auch die dritte, zu welcher unser Diaz gehörte, nahm verschiedene Brücken und Verschanzungen weg, und da der Anfangs heftige Widerstand nach und nach schwächer wurde, glaubten die Spanier bereits Herr des Tages zu sein.

Plötzlich aber wendete sich das Blatt auf höchst unglückliche Weise für dieselben.

Cortez hatte, wie sich Diaz ausdrückt, eine sehr tiefe Brückenöffnung genommen, aber versäumt, die-

---

*) Die heutigen sind gebildeter. Sie „säkularisiren" und machen in Republik.

selbe auszufüllen, und drang jetzt rasch auf einem ziemlich schmalen Damme vorwärts.*)

Der Feind schien überrascht und floh, scheinbar nur schwache Gegenwehr leistend, plötzlich aber, und nachdem die Mexikaner Cortez und die Spanier weit genug vorwärts gelockt hatten, fielen sie mit ungeheuerer Uebermacht über die Spanier her und umzingelten dieselben von allen Seiten.

Besonders wurden die Spanier jetzt von den Kähnen des Feindes bedrängt, die derselbe schlau verborgen hatte und welche, eingerammter Pfähle halber, von den spanischen Brigantinen nicht bekämpft werden konnten, und endlich, an einer besonders morastigen Stelle, welche das Weiterkommen äußerst erschwerte, löste sich der Rückzug der Spanier in vollständige und regellose Flucht auf.

Cortez allein suchte Stand zu halten und rief:

„Fest angeschlossen, Ihr Herren! wie? wollt Ihr auf solche Weise dem Feinde den Rücken kehren!“

„Jedoch,“ sagt Diaz, „alles Reden half hier

---

*) Nicht vollkommen verständlich ist, uns wenigstens, das Folgende. Wenn Cortez und seine Leute, vorwärts gehend, die schlimme Stelle passirten, warum konnte das nicht eben so gut rückwärts geschehen? Vielleicht zog man sich ein wenig allzu schnell zurück.

nichts mehr," in wilder unüberlegter Flucht flohen jetzt die sonst so tapferen Spanier, und wurden von den Mexikanern bis an ihr Lager verfolgt.

Cortez selbst, der am Beine verwundet war, befand sich in der größten Gefahr lebend in die Hände des Feindes zu fallen.

Ein halbes Dutzend mexikanischer Hauptleute hatten ihn gefaßt, und es wäre ihm wohl schlimm ergangen, hätte sich nicht ein tapferer Soldat, Christobal von Oli, und ein zweiter, Namens Serma, auf die Feinde geworfen und ihn heraus gehauen.

Der Haushofmeister des Cortez, Christobal von Guzmann, welcher mit einem frischen Pferde herbeieilte, wurde indessen von den Mexikanern gefangen, und im Ganzen fielen von der Division des Cortez allein sechzig und etliche Spanier in die Hände des Feindes, und sogleich weiter unten werden wir sehen, was das Loos dieser armen Teufel war.

Auch an angenehmen und aufheiternden Redensarten von Seite der Mexikaner fehlte es nicht.

Kaum viel besser, als Cortez, erging es der Division von Alvarado, bei welcher unser Diaz stand. So wie Cortez war auch dieser allzu rasch vorgedrungen, und erlitt beträchtliche Verluste, die Mexikaner aber warfen fünf blutende Köpfe von Spaniern in ihre Reihen, und riefen:

„So werden wir auch Euch thun, wie wir dem
Cortez, dem Sandoval und allen seinen Leuten
gethan, denn dies sind ihre Köpfe!"

Zur Erhöhung der Festlichkeit aber schlug man
auf der Spitze des Haupttempels die „große Trommel,"
welche man auf zwei bis drei Stunden im Umkreise
hören konnte, und brachte zugleich vorläufig die
Herzen von zehn Spaniern den Göttern zum Opfer.

Auch die Abtheilung Sandovals erlitt schwere
Verluste, obgleich weder er, noch Cortez, physisch
wenigstens, die Köpfe verloren hatten. Die Mexi=
kaner aber im reichlichen Besitze von abgeschnittenen
Köpfen, wiederholten den Schwindel mit denselben
auch bei den anderen Divisionen, so zum Beispiel
bei der von Cortez, dem sie die angeblichen Köpfe
von Pedro von Alvarado und Gonsalo von San=
doval zuwarfen, was Cortez und seine Leute glaubten
und ihre Niedergeschlagenheit noch vermehrte.

Wir wollen aber nicht weiter diesen Unglücks=
tag der Spanier schildern, sondern nur noch unseres
alten Bekannten, des Hauptmanns Juan Xaramillo
erwähnen, der sich tapfer hielt, und als Commandant
einer Brigantine eine andere, schwer bedrängte
aus den Händen des Feindes befreite.

Des heiteren und reizenden Abends, der auf
diesen Tag folgte, müssen wir dennoch gedenken,

und unbedingt wird es das Beste sein, wenn wir
unsern Gewährsmann Diaz, als Augenzeuge, wieder
selbst sprechen lassen.

„Als wir endlich," sagt er „mit saurer Mühe,
großen Verlusten und schweren Besorgnissen, über
ein tiefes Wasser hinweg, unser Standquartier erreicht hatten, und uns nun einigermaßen in Sicherheit fühlten, standen Sandoval, Francisco von Lugo,
Andreas von Tapia und Pedro von Alvarado bei-
einander, und erzählten, wie es jedem von ihnen
ergangen war, und was Cortez angeordnet.

„Da ertönte die große Pauke des Huitzilopochtli
(Vitzliputzli) auf's Neue, und nun stimmte die ganze
teuflische Musik von Muscheltrompeten, Hörnern
und anderen Instrumenten mit ein.

„Es klang graushaft erschütternd und beängstigend
von der Spitze des großen Opfertempels herab,
aber noch entsetzlicher ward Alles für uns, als wir
hinaufsahen, und mit eigenen Augen Zeugen werden
mußten, wie die Mexikaner unsere unglücklichen
Kameraden, welche sie bei Cortez Niederlage gefangen
genommen, ihren Götzen opferten.

„Wir konnten ganz deutlich die Plattform sehen,
wo die Kapellen mit den verfluchten Götzen standen,
und wie sie einem Theile der Spanier die Köpfe
mit Federn schmückten, und sie vor dem Huitzilopochtli

herumzutanzen zwangen, und sie dann gerade auf einen
großen Stein ausstreckten, ihnen mit ihren Messern
von Feuerstein die Brust aufschlitzten, die zuckenden
Herzen herausrissen und sie ihren verfluchten Göttern
darbrachten.

„Ja, das mußten wir mit ansehen!

„Und wie sie dann die Leichen der unglücklichen
Schlachtopfer bei den Füßen faßten, sie die Stufen
des Tempels herab warfen, und andere Henkers-
knechte unten standen, welche sie in Empfang nahmen,
Arme, Beine und Köpfe von den Leibern trennten,
die Gesichtshäute zum Gerben abzogen, um sie mit
den Bärten zum Spiel und Hohn bei ihren Ge-
lagen aufzubewahren, und das übrige Fleisch abschnitten, um es aufzuessen.

„So gingen die Mexikaner mit allen gefangenen
Spaniern um, und nur die Eingeweide wurden den
Tigern, Löwen, Ottern und Schlangen vorgeworfen,
welche sie in ihren Menagerien unterhielten.

„Ja, diese abscheulichen Grausamkeiten mußten
wir, von unserem Standquartier aus, mit unsern
eigenen Augen ansehen, und der geneigte Leser
mag sich vorstellen, wie entsetzlich es uns dabei zu
Muthe war, und wie dieser Anblick für uns so
quälend sein mußte, da wir so nahe bei unsern un-

glücklichen Kameraden waren und ihnen doch nicht
helfen konnten.

„Jeder dankte Gott in seinem Herzen, und
dachte: so würde es mir heute auch ergangen sein,
wenn mich Deine große Gnade nicht vor dem
grausamen Tode bewahrt hätte.

„Wie wir nun den Greuel mit ansahen und
unser Innerstes empört war, kamen neue, große
mexikanische Heer = Schaaren über uns, und setzten
uns von allen Seiten so gewaltig zu, daß wir uns
ihrer kaum erwehren konnten.

„Dazwischen schrieen sie immer: „„Seht nur
dort hinauf! so müßt Ihr Alle enden! Das haben
uns unsere Götter oft genug versprochen!‘‘“

„Noch viel entsetzlicher waren aber die Drohungen
die sie gegen unsere Freunde von Tlaskala aus=
stießen. Sie warfen Arm= und Beinknochen von
ihren Landsleuten und von den Unsrigen, die sie
gebraten und abgenagt hatten, unter sie hinein,
und riefen dabei:

„Schon haben wir uns an dem Fleische Eurer
Brüder und der Teules (der Spanier) gesättiget,
da möget Ihr Euch denn den Abhub wohl schmecken
lassen! Merkt Euch die Häuser wohl, die Ihr
uns niedergerissen. Ihr müßt sie uns noch viel
größer und schöner wieder aufbauen. Haltet nur

getreulich zu den Teules. Ihr sollt auch nicht von ihnen weichen, wenn wir sie den Göttern opfern!"

In dieser unglückseligen Nacht war es, wo Donna Marina von ihren Gefühlen dergestalt überwältigt wurde, daß man für ihren Verstand und fast für ihr Leben zu fürchten begann.

Sie war im Standquartiere des Cortez zurückgeblieben, selbstverständlich dessen Hoffnung auf einen vollständigen Sieg theilend. Als aber derselbe verwundet, entmuthigt und niedergeschlagen zurückkehrte, und sie die bedeutenden Verluste erfuhr, welche er erlitten, suchte sie ihn mit verständigen Worten zu trösten und ihm Muth einzusprechen.

Sie selbst aber gerieth dann vollständig außer sich, als sie am Abende Zeugin der Opfer-Scene auf den Zinnen des Tempels sein, und das Jammergeschrei der Geschlachteten hören mußte.

War es allein das Mitleiden mit jenen Unglücklichen, oder drängten sich ihr zugleich Zweifel auf über die Güte und Allmacht des Christengottes, auf welche zu vertrauen man sie gelehrt hatte, das mag wohl unentschieden bleiben, aber sie gerieth vollständig außer sich, sie warf sich auf die Erde nieder, raufte ihr Haar, zerriß ihre Kleider, Gebete hersagend und wieder Verwünschungen ausstoßend, und

in ihrer Landessprache den Gott der Christen und
gleichzeitig die alten, verlassenen Götter um Barm=
herzigkeit anflehend.

Cortez hatte genug mit sich selbst zu thun, um
sich mit der Verzweifelnden abzugeben, und eben
so ging es den Soldaten, welche fast unaufhörlich
vom Feinde bedrängt wurden, und nur ihr alter
Freund Xaramillo nahm sich einige Minuten Zeit,
die fast Bewußtlose von der Erde aufzuheben und
auf seinen Armen hinweg zu tragen, um sie der
Obhut der Donna Luisa zu übergeben. —

Nicht immer aber hatte Donna Marina solche
Fährlichkeiten zu bestehen und solch schweren
Kummer zu tragen, und sehen wir jetzt, indem wir
abermals einen Zeitraum von fast zwei Jahren
überspringen, unsere Heldin glücklich in Jugend=
Erinnerungen, und edelmüthig ihr zugefügte Unbill
vergebend und vergessend.

Trotz der Unfälle, welche Cortez anfänglich bei der
Belagerung von Mexiko erlitt, wurde er dennoch
Herr der Stadt.

Quauhtemoctzin, der Beherrscher Mexiko's und
Nachfolger Montezuma's, war sein Gefangener
geworden.

Die Bündnisse mit den befreundeten Einge=
borenen wurden erneut und befestigt, und andere

Stämme, durch Wort oder Schwert, unterworfen, und endlich gelang es auch Cortez, seine Feinde in Spanien, wenn nicht zu beschwichtigen, doch wenigstens zum großen Theil unschädlich zu machen.

Im Jahre 1523 aber empörte sich Christoval von Oli*), in den Higueras, gegen Cortez, und der Letztere, der ausgezogen war, diesen Aufruhr zu stillen, kam bei dieser Gelegenheit, in Begleitung der Donna Marina, nach Guacasualko und besuchte auch Marina's Geburtsort, Pinala.

Dort sah Donna Marina zum ersten Male ihre Mutter wieder, welche den Befehl gegeben hatte sie zu tödten, und ihren Stiefbruder, wegen welchem sie aus dem Wege geschafft werden sollte, und welcher jetzt, nach dem Tode seines Vaters, wirklich Kazike geworden war.

Cortez hatte alle Kaziken der Provinz zusammenkommen lassen, um sie zu überreden, sich in Masse taufen zu lassen, und zuverlässig war dieses Ansinnen für Marina's Mutter und ihren Bruder weniger erschreckend als das Wiedersehen mit der Verstoßenen und so schlimm Behandelten.

Beide waren der festen Ueberzeugung, daß man

---

*) Nicht derselbe, welcher ihn bei der zweiten Eroberung von Mexiko aus den Händen der Feinde rettete.

sie nur gerufen habe, um sie zu tödten, und daß Donna Marina nun gekommen sei, um grausame Rache an ihnen zu nehmen.

Donna Marina aber benahm sich ganz ihrer selbst würdig.

Sie eilte auf ihre erschreckte Mutter, welche sie im ersten Augenblicke erkannt hatte, zu, trocknete ihre Thränen und beruhigte sie mit liebreichen Worten.

„Ihr wußtet nicht,“ sagte sie, „was Ihr thatet, als Ihr mich an jene Leute in Xicalango aus= liefertet, und von ganzem Herzen verzeihe ich Euch deßhalb. Durch dieses Euer unüberlegtes Handeln ist für mich unendlich viel Gutes entstanden, denn der einzige Gott, den ich jetzt anbete, lenkte Alles zum Besten, indem er mich vom blinden Götzen= dienste zum Christenthume bekehrte, und mich zur Begleiterin des siegreichen Cortez machte. Alles dies hat für mich einen weit höheren Werth, als wenn man mir die Herrschaft über ganz Neuspanien geschenkt hätte.“

Kostbare Geschenke, welche sie ihrer Mutter und ihrem Bruder reichte, bethätigten diese süh= nenden Worte, und Beide waren, in der Freude ihres Herzens, unter den Ersten, welche zum Christenthume übertraten, und ihre Mutter erhielt

in der Taufe den Namen Martha, während der
junge Kazike, ihr Stiefbruder, Lazaro getauft
wurde.

Der Hauptmann Xaramillo, der Zeuge dieses
edelmüthigen Benehmens Donna Marina's war,
sagte, nachdem sich die Anverwandten aus Pinala
getröstet und vergnügt hinweg begeben hatten:

„Sagt einmal, Donna Marina, Ihr habt Euer
berühmtes Messer, mit dem ihr mir zweimal aus
der Patsche geholfen, stets in Eurem Gürtel stecken,
warum verbarget Ihr es vorhin, als Ihr Euerer
lieben Mutter ansichtig wurdet, so rasch und sorg=
fältig unter Euerem Gewande?"

„Weil ich", erwiderte Marina, „nicht in ein und
demselben Augenblicke, ihr vergeben, und sie kränken
wollte."

Der gütige Leser aber erinnert sich, daß dieses
Messer von Marina's Mutter den Leuten von Xi=
calango, Huitzili und dessen Frau, übergeben wurde,
um das Kind mit demselben zu tödten, „als ein=
ziges Erbtheil", wie Ixtolochtila, Huitzili's Gattin,
auf den Stufen des Tempels sagte.

Es drängte indessen Marina, die beiden soeben
Genannten wiederzusehen, und Cortez erlaubte ihr,
unter Begleitung Xaramillo's einen Besuch in Xi=
calango abzustatten.

Grenzenlos war die Freude der beiden Alten, als sie die schöne junge Frau wiedererblickten, und nicht minder glücklich fühlte sich Marina in der Erinnerung an die Tage, welche sie dort verlebte.

Daß diese schönen Tage mit der Absicht eines kleinen Mordes begannen, schien von beiden Theilen vergessen, und wenn Marina nur daran dachte, daß sie den beiden Gatten ihr Leben verdankte, so schienen diese sich nur der Liebe zu erinnern, welche sie zu der kleinen, klugen und gutmüthigen Malintzin hegten.

Und das ist recht und höchlich zu loben. Die Tafel in Euerem Herzen, auf welcher Ihr das Schlimme verzeichnet, was Euch geschehen, sei von weichem Wachs. Das Gute aber, was man Euch gethan, schreibe Euere Dankbarkeit auf Marmor und Erz.

„Weißt Du noch, kleine Malintzin," sagte Huitzili, denn er nannte sie stets noch bei diesem ihrem früheren Namen, „weißt Du noch, wie Du da außen auf der Terrasse schlau und verständig Dich auf die Erde niederwarfest, als die beiden Strolche sich meinem Hause näherten, um nach Dir zu forschen, und Deine liebe Mutter — —"

„Ich weiß es," unterbrach ihn Marina, „und

habe nicht vergessen, wie auch Ihr mit List und
Schlauheit mich gerettet habt."

Und dann sprach sie von dem früheren Aufent=
halte im Hause Huitzili's, und erwähnte der gering=
fügigsten Dinge, der unbedeutendsten Kleinigkeiten und
flüchtig gesprochener Worte.

Das Alles stand mit tiefen Zügen eingegraben
auf der ehernen Tafel in ihrem dankbaren Herzen,
und ein solches wird daran erkannt, daß auch das
Geringste ihm unvergeßlich im Hause seiner Wohl=
thäter, wohl auch, wenn man dreimal so alt ge=
worden, als die gute Donna Marina zu jener Zeit
gewesen.

Instinktartig erkannten das aber die beiden
alten Leute und waren glücklich darüber, sich so ge=
liebt zu sehen von dieser jungen Frau, deren Ruhm
wiederhallte in allen Provinzen des Landes.

Dennoch sagte Ixtolochtila:

„Ach, herzige Malintzin, warum haben wir Dich
weggeben müssen aus unserem Hause, und warum
hast Du uns die wir kinderlos, nicht eine gute und
getreue Tochter bleiben dürfen!"

Das gab nun dem Gespräche eine andere
Wendung.

Spottet nicht über Bekehrungsversuche, wenig=
stens nicht über alle.

Nichts ist natürlicher, als daß der, der wirklich glaubt, ächt und wahrhaftig (freilich rara avis), und der sich glücklich fühlt in seinem Glauben, auch Andere dieses Glückes theilhaftig zu machen wünscht.

Und aus diesem Grunde erwiderte Donna Marina auf die Frage Jxtolochtila's:

„Weil ich sonst nicht den ächten und wahrhaftigen Glauben kennen, und den einzigen wahren Gott anbeten gelernt haben würde."

Und dann begann sie mit Begeisterung von diesem Gotte zu sprechen, vom Christenglauben und von seinen Heiligen und Wundern.

Was Huitzili betraf, so schien derselbe plötzlich taub geworden zu sein, und begann mit auffälligem Eifer die Riemen an einem Paare Sandalen zu putzen und zu glätten.

Seine Gattin aber, als dem mittheilsamen Geschlechte angehörend, konnte es nicht über sich gewinnen, taub zu scheinen und stumm zu bleiben, fielen gleich die goldenen Samenkörner auf wenig fruchtbaren Boden.

„Malintzin," sagte sie, „es mag gut klingen, was Du sprichst von Deinen Göttern, wer aber so alt geworden, wie ich, verläßt die seinen dennoch nicht mehr."

„Man ist nie zu alt," versetzte Donna Marina, „um Irrthümer abzulegen."

„Ja, aber alte Leute, wie wir, begreifen nicht, daß man sein Leben lang im Irrthume gelebt haben soll," entgegnete Ixtolochtila.

„Ach," rief Donna Marina, „wenn Du die Tecleciguata*) gesehen hättest, wie sie, umgeben von leuchtendem, goldglänzendem Scheine, uns im Kampfe vorschwebte, und uns den Sieg erringen half über die hundertfältig größere Anzahl von Feinden, Du würdest glauben wie ich!"

„Sahest Du sie denn, Malintzin?"

„Ja, ich sah sie," erwiderte Marina rasch und keck.

Wir wollen nicht behaupten, daß dies wirklich der Fall gewesen, müssen aber Marina theilweise entschuldigen, da eine große Menge von Soldaten des Cortez beschworen, wirklich ein leuchtendes Marienbild gesehen zu haben, welches vor den Kämpfern in der Luft schwebte.

Die Frau des Huitzili aber sagte:

„Nun gut, ich glaube Dir, und sollte ich sie zufällig auch einmal sehen, so ist es möglich, daß ich auch an Deine Götter glaube."

*) Tecleciguata, eigentlich: die vornehme Frau. Die Mexikaner nannten die Jungfrau Maria also.

„Ah," rief jetzt Donna Marina, „und wenn Du ihren göttlichen Sohn sehen würdest, der für uns am Kreuze gestorben ist!"

„Unsere Götter," versetzte Ixtolochtila trocken, „sterben nicht."

„Verdammte alte Hexe," rief Xaramillo in spanischer Sprache. Er war der mexikanischen ein wenig mächtig geworden, und hatte mit großer Aufmerksamkeit den Bekehrungsversuchen Donna Marina's gelauscht. Diese Letztere aber beschloß dieselben vorläufig ruhen zu lassen, doch wollte sie nicht das Feld räumen, ohne wenigstens einen einzigen Vortheil errungen zu haben, und sie sagte jetzt mit schmeichelndem Tone zu der Alten:

„Sieh', ich danke Dir mein Leben, und was ich geworden, bin ich durch Deine Güte. So will ich nicht weiter in Dich dringen, Deine falschen Götter zu verlassen, sondern beten, daß der wahre Gott Dich erleuchten möge. Aber um Eines flehe ich Dich an, liebe Ixtolochtila, und Du mußt mir versprechen meine Bitte zu erfüllen.

„Nun?" fragte jene.

„Du mußt mir versprechen, den abscheulichsten Gebrauch aufzugeben, den Ihr hier im Lande habt, kein Menschenfleisch mehr zu essen!"

„Ach, liebe Malintzin," erwiderte die Alte mit

traurigem Tone, „sei außer Sorge, so gute Sachen kommen nur selten an uns arme Leute."

Der Hauptmann Xaramillo brach in lautes Lachen aus.

„Donna Marina," sagte er hierauf, „Gott weiß es, daß Ihr so gut, oder vielleicht noch besser sprecht, als der Pater Bartholomäo, die aber, die verwünschte alte Hexe, Euere Ziehmutter, bekehrt Ihr nicht. Gebt es auf, denn im Grunde genommen bleibt es sich gleich, ob der Teufel eine Seele mehr oder weniger hat.

„Da wir aber heute die Gäste der verstockten Alten sind, so thut mir die Liebe, ein wenig in der Küche nachzusehen, ob sie nicht etwa, uns zu Ehren, dennoch etwas Gutes in ihren Töpfen hat, was nur selten an arme Leute kommt."

Donna Marina nickte bejahend, und sagte dann zu Ixtolochtila:

„Kommt, Mütterchen, jetzt wollen wir in die Küche gehen und nach dem Essen sehen. Ich habe auch ein wenig kochen gelernt, und es sollte mir tausendfältige Freude machen, wenn ich Dir helfen dürfte."

Das geschah, aber wir finden keine Aufzeichnung, ob sich die Befürchtungen des ehrlichen Hauptmanns Xaramillo bestätigten.

Als die Nacht angebrochen war, machte sich Donna Marina auf, den alten Priester zu besuchen, der, auf der Zinne des Tempels wohnend, ihr in jener früheren Zeit der Noth und Verfolgung Schutz gegeben, und sie sicher geborgen hatte.

Xaramillo ließ es sich nicht nehmen, sie zu begleiten, und war nur durch die ernstlichsten Bitten zu bewegen, an den Stufen des Tempels zurück zu bleiben, und ihr nicht auch noch weiter zu folgen.

„Der Teufel kann wissen," sagte er, „was der alte Götzendiener und Menschenschlächter dort oben mit Euch anfängt."

„Es ist der edelste Greis unter der Sonne," versetzte Donna Marina, „und ich bin bei ihm so sicher als in Mitte unsrer Krieger."

„Wenn er ein gutes Gewissen hätte," erwiderte Xaramillo, „würde er nicht, Jahr aus Jahr ein, wie ein verdrießlicher, alter Uhu, da oben auf seinem Felsenneste sitzen und Zauberei, oder noch Schlimmeres treiben."

„Er lebt in Ruhe und Frieden auf der Zinne seines Tempels," entgegnete Marina, „und übt von seiner Religion nur das aus, was auch wir, als Christen, nicht mißbilligen können."

„Pfui Teufel!" rief der Hauptmann, „die ganze Religion dieser spitzbübischen Mexikaner taugt keinen

Pfennig, und wenn er auch nur das Beste davon
ausübt, so kömmt es immer noch auf Mord und
Todschlag heraus. Schreit aber nur rechtschaffen,
wenn er Euch schlachten will, und gebt Acht, wie
schnell ich dann oben bei Euch sein will."

Langsam stieg jetzt die junge Frau die mond=
beglänzten Stufen des Tempels hinan.

Sie hatte die Nacht zu diesem Besuche gewählt,
weil sie ebenfalls in der Nacht, bei den zwei wich=
tigsten Ereignissen ihres jugendlichen Lebens, jene
Stufen betreten hatte.

Und in der That, Alles erinnerte sie jetzt an
jene Nacht, in welcher Huitzili und seine Frau
sie dorthin geführt, um sie zu ermorden.

Sie warf einen Blick über den tief= dunklen
Schatten des Tempels hinweg, nach der Gegend,
wo ihre Mutter gelebt hatte und heute noch lebte,
und seufzte tief auf.

Vergebung?

Es bedurfte deren nicht mehr, sie hatte ihr längst
vergeben.

Aber vergeben und vergessen ist Zweierlei.

Man kann vergeben, aufrichtig und von ganzem
Herzen, aber das Vergessen liegt nicht in unserer
Macht.

Und so dachte sie jetzt mit tiefem Schmerze

daran, daß ihre Mutter also sein konnte, und dabei war sie fast unwillig über sich selbst, daß es ihr nicht gelungen, solch' Schlimmes nicht zu vergessen.

Dann kam sie an die Stelle, an welcher sie getödtet werden sollte, und wo sie demüthig der Frau das Messer wieder reichte, die sie morden wollte.

Sie gedachte nicht ihrer flehenden Worte, ihre Mutter nicht zu schmähen, sondern sie warf sich auf die Knie zu beten für Jene, und Gott zu danken für ihre Errettung.

Dann, weiter aufwärts steigend, trat lebhaft jene Nacht vor ihre Augen, in welcher Huitzili, um sie zu verbergen, sie zum alten Priester geführt, den zu besuchen sie jetzt gekommen war.

Genau hielt sie die Stufen ein, die sie jenes= mal betreten, und ihr Herz floß über vom Dank gegen Huitzili, der eigentlich dennoch allein sie ge= rettet aus aller Noth und Fährlichkeit, allein der heiligen Barmherzigkeit wegen.

Sie war ein wenig Ketzerin, indem sie zu sich selbst sagte:

„Der wird selig, und kömmt in den Himmel zu Gott und seinen Heiligen, auch wenn er nicht Christ wird. Sie werden ihn droben schon be= kehren!"

Für eine strenge Christin jener Zeit war das

allerdings ein sonderbarer Gedanke, aber da sie einmal dabei war, solche eigenthümliche Gedanken zu hegen, so blieb es nicht bei diesem einzigen.

Sie blickte abwärts, und sah an der untersten Stufe der Treppe den langen Hauptmann Xaramillo stehen, der, auf sein Schwert gestützt, ihren Schritten mit den Augen folgte, und jeden Augenblick bereit war, ihr zu Hülfe zu eilen, sollte ihr Gefahr drohen.

„Wie ein treuer Hund steht der gute Bursche dort unten," sagte sie zu sich selbst, „über mich zu wachen und mich zu beschützen, und ich weiß, daß er Sorge und Angst meinetwegen hegt. Cortez aber, mein Herr und Gebieter, der mir tausendmal sagte, daß er mich liebe, und dem ich einen Knaben schenkte, läßt mich sorglos und unbekümmert ziehen!"

Es giebt Gedanken, die man mit Vorliebe hegt und pflegt, sich an denselben erfreut und ihnen mit Wohlgefallen nachhängt, und ein solcher war es, als Marina der Anhänglichkeit des Hauptmanns Xaramillo an ihre Person gedachte.

Wieder andere Gedanken aber drängen sich uns unwillkürlich und gegen unseren Willen auf. Man sucht sich ihrer zu entschlagen, dennoch aber kehren sie stets wieder, und ähnlich erging es jetzt Donna Marina.

Diese Gedanken aber waren die, daß Cortez' Liebe zu ihr zu erkalten beginne, oder vielleicht schon erkaltet sei.

Sie seufzte tief auf, warf unwillkürlich einen Blick auf den regungslos unten stehenden Xaramillo, und stieg dann rasch aufwärts, um die Zinne des Tempels zu erreichen.

Der Alte stand bereits oben sie zu erwarten, und empfing sie mit aufrichtiger Herzlichkeit und Freude, und indem er sie in seine Arme schloß, sagte er:

„Ich hörte, daß Du heute unten in der Stadt angekommen seiest, und wußte, daß Du kommen würdest, denn Du bist ein gutes Kind. Aber was ist aus der kleinen Malintzin für eine schmucke Frau geworden!"

Man sieht, daß der alte Götzendiener trotz der Einsamkeit, in welcher er lebte, dennoch die weltliche Artigkeit keineswegs verlernt hatte. Und dann setzte er hinzu:

„Aber nicht nur eine schöne Frau bist Du geworden, sondern auch eine mächtige, vielvermögende."

„Daß es mir wohl ergeht," versetzte Donna Marina bescheiden, „verdanke ich, nächst der Gnade meines Gottes, zunächst dem Unterrichte, den Ihr

mir ertheiltet, und den guten Lehren, welche ich von
Euch empfing."

Wohlgefällig legte der Priester die Hand auf ihr
Haupt. Dann sagte er:

„Und auch den Glauben der Fremden hast Du
angenommen, und betest nun zu ihrem Gotte!"

Es lag nicht der mindeste Vorwurf in diesen
Worten, denn bei der untergeordneten Stellung,
welche die Frauen in Mexiko einnahmen, war es
selbstverständlich, daß, einmal verschenkt oder verkauft, das Weib sich in alle Formen fügte, die sein
neuer Gebieter ihm vorzeichnete.

Marina bejahte, und obgleich sie keine eigent-
lichen Bekehrungsversuche bei ihrem alten Lehrer
machte, schilderte sie dennoch begeistert, und mit glü-
hender Farbe das Glück, welches ihr durch ihren
neuen Glauben geworden.

Der Alte lächelte gutmüthig.

„Du wärest," sagte er, „eine Heuchlerin, wenn
Du nicht wirklich glauben würdest, was Du beschworen."

Mit schwärmerischer Begeisterung begann nun
die junge Frau auf's Neue das Glück zu schildern,
dessen sie theilhaftig geworden, und die Vorzüge
und Vortrefflichkeit des Christen-Glaubens hervor-
zuheben.

Der Alte unterbrach sie nicht, als sie aber geendet, sagte er:

„Du sprichst gut, weil Du selbst gut und verständig. Aber — Malintzin! Du preisest die Güte und Barmherzigkeit Deiner neuen Götter, Deine Freunde aber, die sie anbeten wie Du, tödten deßhalb dennoch die Menschen, wie es die Unseren thun."

„Sie tödten nur," versetzte Donna Marina, wenn sie angegriffen werden."

„Malintzin! Ich denke, wenn sie in ihrem fernen Lande geblieben wären, hätte hier sie Niemand angegriffen."

„Sie sind gekommen," entgegnete Donna Marina, „um durch die Wahrheit ihres Glaubens Euch Euren Irrthümern zu entreißen, und Euch verständig und glücklich zu machen."

Der Alte nickte mehrmals mit dem Haupte, als bejahe er scherzhaft gegen seine Ueberzeugung Etwas, was er nicht glaube, dann aber sagte er:

„Jedes Land hat seine besonderen Götter, und es kann in dem Lande, welches Deine Freunde bewohnen, gute Götter geben, so wie die unseren gut und stark sind, aber ich habe auch sagen hören, daß wir die Unterthanen Eures Königs werden sollten?"

„Es ist ein guter, großer und mächtiger Monarch," erwiderte Marina.

„Ah," versetzte der Priester, schmerzlich seufzend, „auch unsere Monarchen waren gut und mächtig, und dennoch habt Ihr sie gefangen und getödtet! Aber höre, Malintzin, wenn Eure Götter so gütig, Euer Glaube so mild, und Deine Freunde so klug und verständig, warum zerstört Ihr gewaltsam unsere Tempel, und verjagt schmachvoll unsere Priester."

Die junge Frau zögerte mit der Antwort, dann aber sagte sie:

„Das mußte geschehen, um Euch Eure Irrthümern erkennen zu lassen, und Euch unserem Glauben zu zuführen, der allein der wahre ist."

„Hm, ich weiß nicht," erwiderte der Alte, „ob das mit Eurer gepriesenen Klugheit gut zusammen stimmt, in einem Lande, welches man zu erobern gedenkt, dessen Bewohnern, die man beherrschen will, gleich also in die Augen zu greifen, indem man sie rücksichtslos am Heiligsten kränkt, was sie besitzen, an ihrem Glauben, und wie man mir sagte, haben Eure eigenen Priester das gegen den ausgesprochen, der Euch hier im Land, statt Eures Königs, beherrscht."

Es war dies allerdings richtig, denn der Pater

Bartholomäo, und andere mit Cortez ziehende
Mönche, mahnten dringend ab von den Gewalt=
thätigkeiten gegen den Kultus der Mexikaner.

Der alte Priester aber brach jetzt das Gespräch
ab (woran er sehr klug that) und sprach mit seiner
früheren Schülerin von andern Dingen, und nach=
dem Donna Marina mit Hand und Mund ver=
sprochen hatte, ihn vor ihrer Abreise noch einmal
zu besuchen, schieden Beide im besten Einvernehmen.

Freudig empfing sie Xaramillo an den Stufen
des Tempels.

„Ihr habt mir die Zeit lange gemacht," sagte
er „und fast war ich in Versuchung, trotz Eures
Verbotes, ein wenig oben nachzusehen, ob Alles in
guter Ordnung. Nun aber, da Ihr wohlbehalten
wieder da seid, ist Alles gut."

Mit herzlichen, aber kurzen Worten dankte
Marina dem wackeren Hauptmanne für seine An=
hänglichkeit, und dann schritt sie schweigend an seiner
Seite dem gastlichen Hause Huitzili's zu. Sie hatte
ihre eigenen Gedanken, und Xaramillo, der wohl
bemerkte, daß sie nachdenklich, störte sie nicht weiter
durch Fragen.

Begleitet von den Segenswünschen ihrer Freude
in Xicalango, kehrte einige Tage später Donna
Marina nach Guacasualco zurück, und während sie

sich in der ersten Stadt an Jugenderinnerungen
erfreut hatte, begann in der zweiten ein neuer Ab=
schnitt ihres Lebens, und es war Cortez, der ihrem
Leben diese neue Richtung gab.

Weiter oben gaben wir, getreu nach Bernal
Diaz, eine Beschreibung der Person und des Aus=
sehens von Cortez, und wir fügen, einschaltend,
ebenfalls entlehnt von unserm Gewährsmanne Diaz,
noch einige weitere Notizen über den Eroberer Neu=
spaniens bei.

Diaz sagt von ihm, daß er einen persönlichen
Muth besessen habe, der vor keiner Gefahr zurück=
scheute, daß er den Degen mit der größten Gewandtheit
und Sicherheit zu führen gewußt habe, und ferner
sich einfach kleidete, aber höchst reinlich war, und
daß der einzige Schmuck, welchen er nach der Sitte
jener Zeit trug, in einer goldenen Kette bestand,
welche er um dem Hals trug, und welche höchst
zierlich gearbeitet und mit einem Kleinode versehen
war, welches auf der einen Seite Maria mit dem
Kinde, und auf der anderen Johannes den Täufer
zeigte.

Er war ferner höflich und nachsichtig gegen
seine Untergebenen, und ein großer Verehrer des
schönen Geschlechts, was ihm mancherlei Raufhändel
zuzog, aus welchen er aber, vermöge seines Muthes

und seiner Fechtkunst, fast immer siegreich hervor ging.

Eben so war es aller Welt bekannt, daß er die meisten seiner Pläne wohl bei sich selbst reiflich überlegte, aber Niemand kund gab, bis zum Augenblicke der Ausführung, dann aber dieselben rasch, und mit dem ihm eigenen eisernen Willen durchzuführen pflegte.

Eine solche rasche Ausführung eines wohl schon länger gehegten Planes war es, welche die oben erwähnte neue Richtung im Leben unserer Donna Marina hervorrief.

Am Tage nach der Rückkehr Marina's nach Guacasualco hatte Cortez alle ihn begleitenden Offiziere zur Abendtafel geladen, und die Heiterkeit war bereits eine allgemeine geworden, als sich plötzlich Cortez erhob, um zu „sprechen."

Es war das ein Ereigniß!

Das Toastiren trat zu jener Zeit nur sporadisch auf, und war noch nicht zur langweiligsten aller Seuchen geworden wie in unseren Tagen, und es war deßhalb kein Wunder, daß Alles verstummte.

Cortez aber sprach:

„Keinem von uns, meine tapferen Kameraden, ist es unbekannt, welche große und unschätzbaren

Verdienste sich unsere theuere Donna Marina um
unsere Sache, und um uns Alle erworben hat.

„Ich halte dafür, daß jetzt der Zeitpunkt gekommen, sie wenigstens einigermaßen für dieselben
zu belohnen.

„Ein altes Sprichwort in unserem schönen Vaterlande sagt: Gold und Liebe lassen sich nicht lange
verheimlichen, und , bei meinem Gewissen!*) Es
hat sich hier bewährt, denn wir Alle haben längst
gesehen, daß unser tapferer Kamerade Xaramillo
und Donna Marina sich lieben, und deßhalb —
— — — sollen Beide, morgen, durch den Pater
Bartholomäo, als Eheleute eingesegnet werden."

Konnte man vorhin, als Cortez zu sprechen begann, eine Maus niesen hören, so wäre es jetzt
hörbar gewesen, wenn sich eine Fliege geräuspert hätte.

Xaramillo war leichenblaß geworden, und starrte,
keines Wortes mächtig, Cortez an.

Donna Marina erröthete, und schlug die Augen
nieder, indessen nicht, ohne dabei eine Sekunde lang
nach Cortez zu schielen, als sie aber in seinen Augen
einen, ihr wohlbekannten, freundlichen Ausdruck sah,
war sie beruhigt.

*) „Bei meinem Gewissen!" Cortez Lieblingsschwur.

„Umarmt Euch, Kinder!" rief jetzt Cortez, der
mit Geschick die Rolle des Brautvaters spielte.

Nun, man umarmte sich, allgemeiner stürmerischer
Jubel trat an die Stelle des vorherigen Still=
schweigens, und am andern Morgen traute der
Pater Bartholomäo das zwölfstündige Brautpaar.

Das war die Wendung im Geschicke Donna
Marina's, und auf solche Weise ward sie die Frau
Xaramillo, und nicht, wie Gomara erzählt, erst
später auf dem Marsche nach Honduras.

Kapitel VI.

Von der großen Anhänglichkeit des Frauenzimmers überhaupt an neu aquirirte Manspersonen, und wie Jaramillo
ein Gutsherr wird, sich höchst glücklich fühlt, und dann sich
schauderhaft langweilt. Wie er ferner Gäste bekommt, und
wie sie ihm gefallen.

Kaum kann es sehr befremden, oder anstößig erscheinen, daß Donna Marina sich so willig und
leicht von Cortez trennte.

Sie wäre keine Frau gewesen, wenn sie, nicht
schon während länger Zeit, die Bemerkung gemacht
hätte, daß, trotzdem sie Cortez auf allen seinen
Zügen begleiten mußte, dieser sie dennoch kälter
und gleichgültiger behandelte, und daß seine Neigung zu ihr mehr und mehr im Abnehmen war.

Ihre Gedanken auf den Stufen des Tempels
in Xicalango deuteten schon darauf hin.

Sie verglich das Benehmen Cortez' und Jaramillo's, und wenn eine Frau einmal Vergleichungen
anstellt, zwischen einem älteren Freunde und einem
anderen Manne, der ihr nicht gleichgültig ist,

so fallen diese Vergleiche meist zu Gunsten des Letzteren aus.

Freilich wäre es der jungen Frau längst gestattet gewesen, zu den Ihrigen zurück zu kehren, oder wenigstens an einem andern Orte, unter ihren Landsleuten zu leben, aber die Vorliebe, welche die Frauen in Neuspanien überhaupt für die Spanier hegten, ließ sie daran nicht denken.

Diese Vorliebe war indessen nicht unbegründet, und mag wohl entschuldigt werden.

Von den Männern im Lande wurden die dortigen Frauen fast vollständig als Sklavinnen behandelt und als Tausch- oder Handelswaare, und deutlich geht das aus einer Menge von Fällen hervor, in welchen Kaziken, und die angesehensten Männer des Landes, ihre Töchter den Fremden, den Spaniern, verehrten, um sich bei diesen angenehm zu machen, einen Friedensschluß zu erzielen, oder sonst einen Zweck zu erreichen.

Die Spanier aber behandelten diese Frauen gut und anständig, oder doch wenigstens nach europäischer Art und Weise, und diese bewiesen ihnen dagegen eine treue Anhänglichkeit.

Nach der zweiten Eroberung von Mexiko beklagte sich Quauhtemoctzin, der König und Nachfolger Montezuma's, so wie alle seine Großen, bei

Cortez, daß viele Offiziere und Soldaten sowohl
von der Bemannung der Brigantinen, als auch von
der übrigen Mannschaft, die auf den Dammstraßen
gefochten, ihnen ihre Töchter und Frauen geraubt
hätten, und baten um deren Auslieferung.

Cortez verhehlte ihnen die Schwierigkeiten nicht,
ihrem Gesuche zu willfahren, indessen versprach er
ihnen zu thun, was in seinen Kräften stände, und
sagte ihnen, daß sie die Verlorenen aufsuchen, und
zu ihm bringen sollten, wo er dann sehen wolle,
welche Christinnen geworden wären, und welche Lust
trügen wieder zu ihren Eltern und Gatten zurück
zu kehren. Dann wolle er alle Diejenigen, welche
sich für das letztere erklärten, ihnen ausliefern lassen.

Er ertheilte ihnen hierauf die Erlaubniß, die
nöthigen Nachforschungen in den drei Standquar=
tieren der Spanier anzustellen, und ließ gleichzeitig
an sämmtliche Mannschaften einen Tages = Befehl
ergehen, daß alle Frauen, welche wieder zu den
Ihrigen zurückkehren wollten, freizugeben seien.

Die Mexikaner benützten sofort diese Erlaubniß,
indem sie von Haus zu Haus gingen, und auch
glücklich fast alle Verlorenen wiederfanden.

Wenig schmeichelhaft für die Suchenden war
indessen dieses Wiederfinden.

Die Wenigsten der Gefundenen bezeigten Lust

zu den Ihrigen zurück zu kehren, und fast Alle blieben lieber bei den spanischen Kriegsleuten.

Viele versteckten sich, als die lieben Ihrigen kamen sie zu suchen, und sie zu dem häuslichen Heerde zurück zu führen.

Andere waren passionirte Christinnen geworden, und erklärten, daß sie, ihres Seelenheiles wegen, nicht mehr zum Götzendienste zurückkehren wollten.

Wieder Andere endlich gestanden, ohne Zweifel mit Erröthen, daß sie sich bereits in interessanten Umständen befänden, und also geschah es, daß von allen diesen verlorenen Schafen nur drei zu ihrer Heerde zurückkehrten.

Was aber dem Einen recht ist, muß dem Andern billig sein.

Erzählen wir daher einen andern Fall, wenngleich auf die Gefahr hin, allzu weitschweifig zu erscheinen, welcher Aehnliches bethätigt, wenn auch nicht unter vollkommen gleichen Umständen.

Gegen Ende des sechszehnten Jahrhunderts fielen die streitbaren und tapferen araukanischen Indianer in die spanische Provinz Valdivia, in Chile, ein.

Sie zerstörten sieben Städte, erschlugen alle Männer und Knaben, nahmen aber die Frauen und Mädchen mit sich, um, wie sie ziemlich naiv er=

klärten, ihre Race zu verbessern, da die Europäer so außerordentlich kluge und geschickte Leute wären.

Man schloß später Frieden, und eine Bedingniß desselben war, daß die geraubten Frauen den Ihrigen zurück gegeben werden sollten.

Aber ebenfalls nur sehr wenige derselben machten von dieser Erlaubniß Gebrauch.

Religiöse Anschauungen oder Bedenken waren hier keineswegs im Spiele.

Die Herren Araukaner gehören zu den wenigen Völkern, welche gar keine Religion, oder, wenn man will, nur eine höchst fragmentarische haben.

Sie haben einen guten Geist, Pillan, und einen bösen, Guecuban, aber beiden erzeigt man keine weitere Verehrung, als daß man bei Trinkgelagen die ersten Tropfen ihnen zu Ehren auf die Erde gießt, und sich bei Flüchen und Verwünschungen des Namens des letztern bedient. Sie besitzen keine Priester, keine Tempel und heiligen Haine.

Trotzdem aber erklärte die bei weitem über= wiegende Mehrzahl der geraubten Spanierinnen, bei ihren neu gegründeten Familien bleiben zu wollen, und, ähnlich den Mexikanerinnen, kehrten nur sehr wenige zurück.

Vielleicht ließe sich Mancherlei sagen über diese merkwürdige Anhänglichkeit der Frauen an neu aquirirte Männer, da aber eine eigentliche Moral kaum daraus zu ziehen ist, wollen wir die Sache auf sich beruhen lassen.

Kehren wir zu Cortez, Donna Marina und ihrem Gemahl Xaramillo zurück.

Selbstverständlich blieb die junge Frau, vorläufig wenigstens, noch im Lager der Spanier, da Xaramillo, ihr Gatte, nicht daran dachte, das Heer zu verlassen, und sie begleitete in der That noch später Cortez auf dem langwierigen und beschwerlichen Feldzuge nach Honduras, bei welchem sie den Spaniern stets noch erhebliche Dienste leistete.

Aber gegenwärtig verließ sie das Standquartier Cortez' und folgte Xaramillo in das dritte Standquartier, welchem der Hauptmann zugetheilt war, und Cortez, dem jetzt die Art und Weise, wie er Beide vereinigt hatte, vielleicht selbst ein wenig zu rasch vorkommen mochte, richtete nach der feierlichen Trauung durch den Pater Bartholomäo einige Worte an sie.

„Ihr wollt uns also jetzt verlassen, Donna Marina," sagte er.

Diese entgegnete:

„Ich bin Euch, edler Herr, gefolgt in tausend Fährlichkeiten, als Euere treue Dienerin, und habe meine Pflicht erfüllt, so gut ich vermochte. Nun aber befiehlt mir die Pflicht dem Manne zu folgen, welchen Ihr mir gabet."

„Befiehlt es," sagte Cortez mit einem gewissen eigenthümlichen Tone, „befiehlt es Euch nicht auch ein wenig die Liebe?"

„Ja," versetzte die junge Frau, indem sie die Hand Xaramillo's ergriff, „und ich fühle mich un= endlich glücklich, daß Pflicht und Liebe mir das Gleiche gebieten!"

Einen Augenblick schien Cortez ein wenig sauer darein zu blicken, dann aber lächelte er freundlich, umarmte die beiden Neuvermählten und entließ sie, indem er versprach, sie demnächst in ihrem Stand= quartiere zu besuchen.

Als sie sich auf dem Heimwege befanden, sagte Xaramillo:

„Wenn er kommt, ist es schön, kommt er aber nicht, so ist mir es lieber!"

„Verlasse Dich darauf," sagte Donna Marina, schlau lächelnd, „daß er nicht kommt!"

Und sie hatte in der That recht, Cortez stattete keinen Besuch bei den jungen Eheleuten ab, seine Umgebung aber beobachtete in der ersten Zeit nach der Trennung von Donna Marina eine gewisse Verstimmung an ihm, welcher Herr zu werden er vergeblich trachtete.

In Folge dessen sagte Pedro von Alvarado einmal zu einem seiner Freunde:

„Seit Donna Marina, sammt ihrem langen Schatze, Abschied von Cortez genommen, ist er so widerwärtig, wie ich ihn kaum je sah. Aber das ist eine alte Geschichte. Es ist leicht eine Freundin zu erwerben, schwierig sie wieder los zu werden, hat man es aber so weit gebracht, so ist es trotzdem verzweifelt ärgerlich, wenn sie gleichgültig geht, oder, so wie hier, sich bei einem andern Manne eben so gut, oder wohl noch besser zu befinden scheint, als bei uns." — —

Nicht lange Zeit nach dem oben mehrmals angedeuteten Feldzuge nach Honduras endlich, im Jahre 1527, trennte sich Donna Marina vollständig von dem Heere der Spanier.

Xaramillo, ihr Gemahl, hatte während jenes gefährlichen und abenteuerlichen Zuges eine Wunde am linken Oberschenkel erhalten, welche ihm das Gehen und Reiten gleich beschwerlich machte, er erhielt seinen Abschied und gleichzeitig, wie man es damals nannte, „ein Kommende", das heißt ein Landgut, oder eine Besitzung in Neuspanien, welche, mit Bewilligung des Kaisers Carl V., wohl aus dem Doppelgrunde ausgetheilt wurden, einmal um Verdienste der Eroberer zu belohnen, andererseits aber, um die Eroberten so viel als möglich zu kultiviren.

Die Kommende Xaramillo's, ein mittelgroßes Dorf, hatte die reizendste Lage von der Welt:

Sie lag in der Mitte eines breiten, von einem Flusse durchströmten Thales, und in einem der fruchtbarsten Distrikte Neuspaniens.

Die Ebene des Thales, die flachen Hügel, in die, weiter ab vom Flusse, diese Ebene überging, repräsentirten die Fruchtbarkeit und den Wohlstand.

Die steil ansteigenden Felsenberge, die, folgend auf jene Hügel, das Thal begrenzten und, wenn man will, eigentlich die Thalwände bildeten, gaben der Landschaft einen pitoresken, romantischen Anstrich.

Und endlich schloß, in weiter Ferne, ein riesen= hafter Kegelberg, andere Berge überragend, die Fernsicht. Bisweilen stiegen, bei Tage, leichte Rauchwolken von seiner Spitze empor, und des Nachts war dann der Himmel, oberhalb des Berg= riesen, leicht geröthet. Zu andern Zeiten aber lag er ruhig und stille, und nur sein mit ewigem Schnee bedeckter Gipfel blitzte und funkelte im Lichte der Sonne.

Auf den Ebenen des Thales und den Hügeln dehnten sich weite Maisfelder aus, die dort im

Lande, wie noch heute, das zweihundertfältige Korn
ergeben. Beete mit prachtvollen Ananasen lagen
dazwischen, Pflanzungen des Tunal, einer Cactus=
art*), die eine vortreffliche, der Feige ähnliche Frucht
hervorbringt.

Dann kamen Felder, bestanden mit dem Maguei,
der Agave americana, einer Baum=Aloë, aus
welcher man eine Menge von Dingen macht. So
aus den Fasern derselben Seile und höchst dauer=
hafte Tuchgewebe, vortreffliches Papier, auf welchem
Montezuma die Bilder malen ließ, die ihn über
das Aussehen der neu angekommenen Spanier be=
lehren sollten. Vor Allem aber die Pulque, den
Wein der Mexikaner, durch dessen Genuß sie sich,
wie andere ehrliche Leute in andern Ländern mit
dem ihrigen, in eine höhere geistige Stimmung zu
versetzen suchten, was man mit dem vulgären Aus=
drucke: „sich berauschen" zu benennen pflegt.

Schlanke Palmen, zu Nutz und Zier, bildeten
einzelne reizende Gruppen in Mitte dieser Frucht=
felder. Riesenhaft überragte alles andere Baumvolk
der Ceiba=Baum, der eine Art von Baumwolle
trägt, über sechszig Fuß hoch wird, und dessen
Stamm fünfzehn Männer kaum umklaftern können.

---

*) Cactus Tuna Linn.

Das und Anderes war der Segen der Felder.
In den Gärten aber, in nächster Nähe der Ortschaft,
sah man, üppig wuchernd, Bohnen, spanischen Pfeffer,
die Tomates oder Liebesäpfel, die eßbare Arum=
wurzel, die Yam, welche das Mandioccamehl liefert,
und Wurzelknollen von funfzig bis achtig Pfunden
hat, die Katane oder die süße Kartoffel, und end=
lich die Banane, die man das Sinnbild der
Fruchtbarkeit nennen könnte, da sie jährlich viele
Zweige treibt, welche jeder für sich an hundert
Früchte trägt.

Diese Früchte verzehrt man, roh und gekocht,
in mancherlei Form, und ähnlich wie bei der
Maguei, bereitet man ein gegohrenes Getränk aus
ihr, macht Polster aus den Fasern des Stammes,
und die Riesenblätter der Pflanze benützt man als
Tischtuch, um auf denselben ihre Früchte zu ver=
speisen, und den aus ihr bereiteten Wein zu
trinken.

Was endlich das Haus Xaramillo's betraf, so
war es selbstverständlich das größte und schönste
der Ortschaft.

Wie es bei größeren Gebäuden gebräuchlich,
stand es frei und luftig auf einer durch Terrassen
gebildeten, künstlichen Erhöhung, und die Außen=

wände desselben waren bis zum Dache mit Gehegen von Rosen bekleidet.*)

Unter solchen Umständen war es in der That kein Wunder zu nennen, daß Xaramillo sich überglücklich fühlte.

Reichlich belohnt fühlte sich der wackere Kriegsknecht für alle überstandene Gefahr, für tausendfältiges Ungemach, und für die zahlreichen Wunden, welche er erhalten hatte, und von denen die letzte ihm eigentlich zu seinem jetzigen Besitze verhalf. Sein Herz strömte von Dankbarkeit über, und er ward nicht müde, die Gerechtigkeitsliebe und verständige Einsicht Seiner Majestät, seines aller-

---

*) Man hat behauptet, daß Rosen erst später von Europa aus nach Mexiko gebracht worden wären, Bernal Diaz aber sagt ausdrücklich das Gegentheil, da er vom Einzuge seiner Leute in Tlaskala spricht, welcher Einzug zu einer Zeit stattfand, in welcher an eine Einfuhr der Rosen von Europa aus nicht gedacht werden kann. Die Stelle lautet:

„Wie wir in die Stadt einzogen, mochten die Straßen und Söller kaum die Menge von Männern und Frauen fassen, die zum Vorschein kamen, um uns zu sehen. Alle trugen die Freude auf den Gesichtern, und sie brachten einundzwanzig Körbe voll Rosen von verschiedenen Farben und dem besten Wohlgeruche, welche sie dem Cortez und den übrigen Kriegsleuten, die sie für Offiziere hielten, und besonders den Reitern darboten."

gnädigsten Kaisers und Königs Caroli zu preisen, und kann weniger den tapferen Cortez, der so edelmüthig für seine Kriegskameraden zu sorgen wußte.

Seine Hausfrau, Donna Marina, setzte seinem Glücke die Krone auf.

Früher hatte er dieselbe für eine süße, aber un= erreichbare Frucht gehalten, nun aber erkannte er er sie als eine unschätzbare Perle.

Ganz besonders gefiel er sich darin, den Guts= besitzer zu spielen.

Im leichten Hauskleide besuchte er die nächst= gelegenen, ihm gehörigen Pflanzungen und gab sich den Anschein, seinen Arbeitern und den Sklaven nachzusehen.

Die Wahrheit zu gestehen, verstand der wackere Kriegsknecht freilich nicht die Spur von derlei ländlichen Arbeiten, aber es kam ihm zu Statten, daß dort im Lande die Fruchtpflanzen hundertfältig mehr tragen als in Europa, als selbst im gesegneten Spanien, und daß man zugleich hundertmal weniger Arbeit hat als bei uns.

Man kratzt die Erde ein wenig auf und wirft den Samen auf dieselbe. Die gütige Mutter Natur besorgt das Wachsen, und der Mensch hat später nur die Mühe zu ernten, oder höchstens

vielleicht noch die, in der Zwischenzeit den über=
schüssigen Blattwuchs zu entfernen, oder des Mor=
gens den süßen Saft der Maguei=Pflanze auszu=
schöpfen, der sich über Nacht in der Höhlung des
Stammes gesammelt hat.

Wenn Xaramillo, wie er es nannte, ging, um
seine Leute als Gutsbesitzer zu beaufsichtigen, so
blieb er hier und da stehen, betrachtete kurze Zeit
das Thun des Einen oder des Andern, und nickte
dann, weitergehend, leicht mit dem Haupte, oder
schüttelte wohl auch bisweilen, leise und wie miß=
billigend, das Haupt. Da aber niemals einer der
Beschäftigten irgend wie eine Antwort auf diese
seine Zeichensprache gab, so kam er nach und nach
auf den Gedanken, recht zu haben in Lob und
Tadel, und sagte zu Donna Marina:

„Das Landwirthschafttreiben ist keine Hexerei.
Ich habe jetzt den ganzen Rummel schon trefflich
los, und ehe ein Jahr vergeht, bin ich der erste
Oekonome in ganz Neuspanien."

Im Garten legte er nicht selten selbst Hand an,
wenngleich nur leichte Hand, indem er irgend
ein welkes Blatt beseitigte, eine reife Frucht brach
und verzehrte, oder eine andere seiner lieben Frau
in's Haus brachte.

Auch der Jagd lag unser Xaramillo ob, wie

solches wohlanständig für Kavaliere, welche auf ihren Landgütern wohnen.

In den Wäldern, am Fuße der Felsenberge, gab es einen Hirsch, der dem Virginischen ähnlich, nur mit graderem Geweihe. Zuweit ab aber lagen diese Wälder, und Xaramillo jagte daher in der Ebene den Copote, oder Halbwolf, eine Art von Schakal, den Fuchs und das wilde Kaninchen, und auch die Jagd auf die reichlich vorhandenen wilden Truthühner und das Feldhuhn bereitete ihm anfänglich großes Vergnügen.

Später weniger!

Bei längerem Gehen erinnerte ihn sein verwundetes Bein an den erhaltenen Lanzenstich, und daran, daß er ein wenig Invalide geworden war. Dann aber hatte es noch ein Häkchen.

Manchen mißliebigen Indianer, der ihm als Feind gegenüber stand, hatte er früher mit seiner Muskete in den Heidenhimmel befördert. Aber diese Indianer waren groß, und standen.

Die Füchse und Kaninchen aber waren kleine Thiere, und erst nachdem Xaramillo dieselben zu jagen begann, wurde es ihm recht auffällig, mit welcher fabelhaften Schnelligkeit sie zu laufen verstanden, so daß ihm das Treffen derselben fast eine Unmöglichkeit erschien.

Noch widerwärtiger fand er die Gewohnheit des Federwildes davon zu fliegen, wenn er sich demselben halbwegs auf Schußweite genähert hatte. Nachdem er also das Treffen der Füchse und Kaninchen für eine halbe Unmöglichkeit erklärt hatte, sagte er, daß die Jagd auf Federvieh ein Blödsinn sei, und daß ein Mann wie er seine Zeit besser verwenden könne, als auf diese langweiligen Thiere zu schießen, welche seine Leute ohnedem durch allerlei Schlauheiten zu berücken und einzufangen verstanden, so daß auf seiner Tafel kein Mangel an denselben war.

Anstatt der zeittödtenden Jagd, gab er, mit Beschaulichkeit und Behagen, sich jetzt einer andern Beschäftigung hin.

Diese Beschäftigung bestand darin, auf der obersten Terrasse vor seinem Hause zu sitzen, den Rücken gedeckt durch die Rosengehege der Hauswände, vor sich aber ein Tischchen, auf welchem frische, süße Maiskuchen und ein Dutzend in Fett geröstete Bananen standen und ferner eine Kanne mit Pulque, um die Maiskuchen hinab zu spülen, und die etwaige üble Wirkung des Fettes zu neutralisiren.

Vergnügten Sinnes blickte er dabei auf die Gegend, welche vor ihm lag, das heißt auf den ihm angehörigen Theil derselben, ohne sich viel um die übrige, reizende Landschaft zu kümmern, denn der Sinn für landschaftliche Schönheit schien zu jener Zeit noch kaum so ausgebildet wie in unseren Tagen.

Man mochte wohl fühlen, daß eine Gegend schöner als die andere, aber man gab sich keine klare Rechenschaft von diesem Gefühle.

Das Praktische überwog, und vielleicht ist das zum größten Theile noch heute bei der jetzt lebenden Generation der Fall.

Xaramillo aber, seine Gärten, Pflanzungen und Felder überblickend, gestand sich, daß er Glück, viel Glück gehabt habe.

Als ein tapferer und verwegener Mann, aber arm, wie eine Kirchenmaus, war er in dies fremde Land gezogen. Er hatte dem Tode in hundertfältiger Gestalt in's Auge geschaut, und kaum standen seine Wünsche höher, als ein paar Hände voll Gold zu erwerben, und dann den Rest seiner Tage, vor drückenden Sorgen geschützt, hinzubringen.

Statt dessen war er ein vermögender, ja wohl ein reich zu nennender Mann geworden. Vor ihm dehnten sich blühend seine Ländereien aus, im Kasten hatte er Gold, Pulque im Keller, und die Vorrathskammern waren wohlhäbig gefüllt. Er besaß

Sklaven, und die Einwohner der Ortschaft waren, gewissermaßen wenigstens, seine Unterthanen.

Mancher hochmüthige Edelmann in Spanien, dessen Blut nicht edler als das seine, hatte früher hochmüthig auf ihn herabgesehen, weil er ein armer Teufel.

Aber jetzt! Nun, er war jetzt ein Gutsherr, so gut wie Jener, vielleicht ein besserer, weil reicher.

Das Beste aber kömmt zuletzt. Seine Perle, seine Marina, die liebreizend war, und gut und verständig, wie wenig andere Frauen. Er verkannte nicht, welchen kostbaren Schatz er in diesem Weibe besaß, und sie selbst war doppelt glücklich in seinem Glücke.

Was konnte diesem Glücke fehlen?

Nun — die Krankheit, an der fast alles Menschen= Glück laborirt, die Beständigkeit.

Donna Marina, die wackere und kluge Frau, glaubte nach einiger Zeit leichte Wolken auf der Stirne ihres Gemahls zu bemerken, dann sah sie mit Bekümmerniß, daß sie sich nicht getäuscht, daß diese Wolken sich mehrten, und daß sie endlich sich zusammenzogen, nicht zu Unwetter und Sturm, aber zu einem ständig trüben Himmel.

. Das trübte auch ihren Himmel, ihr häusliches Glück.

Aber was konnte ihn also verstimmt haben? Was konnte ihm fehlen?

Sie selbst trug nicht die Schuld, hinlänglich zeigte das allein schon sein Benehmen gegen sie. Was aber sonst?

Vorsichtig, wie es dann und wann, wenngleich nicht immer, die Frauen zu machen pflegen, begann sie ihm auf den Zahn zu fühlen, und wieder dann und wann, wenngleich nicht immer, bemerken das die Männer, am häufigsten, wenn der befühlte Zahn hohl.

Xaramillo merkte Nichts, aber er fing jetzt an sich in Klagen zu erschöpfen, in Klagen über eine Menge von Dingen, welche ihm früher das größte Vergnügen bereitet hatten.

„Wie langweilig sind diese Arbeiter und Sklaven," sagte er, „sie reden und deuten nicht, mag ich ihnen jetzt mein Wohlgefallen oder meinen Tadel zu erkennen geben."

Donna Marina dachte:

„Sie merken, daß Du von ihren Arbeiten Nichts verstehst, aber sie wollen Dir nicht widersprechen." Sie schwieg indessen.

„Dann," fuhr Xaramillo fort, „was wächst für Zeug auf diesen Feldern! Dieser Mais, der als Brodfrucht dem Weizen das Wasser nicht reicht, wenn

er gleichwohl die Ferkel fett macht. Die Ananas
mit ihrem widerwärtig süßen Geschmacke, der mir
schon Uebelkeiten verursacht, wenn ich nur an ihn
denke, der Tunal, die verwünschte Cactus-Feige, die
mich stets an den fetten Kaziken erinnert, welcher
uns die ersten derselben brachte. Die Batate, die
sich ihres ekelhaft süßlichen Geschmackes zu schämen
scheint, sich deßhalb unter die Erde verkrochen hat,
die man aber deßhalb, hier im Lande, dennoch an
das Tageslicht zieht, und mit Behagen verzehrt."

„Schiltst Du auch über die Banane," unterbrach
ihn seine Hausfrau lächelnd, „über die Banane,
die Du, in allen Formen, stets so liebtest?"

„Ja in allen Formen," erwiderte Xaramillo, das
ist der wahre Ausdruck. Man genoß sie zuerst
roh, und fand, daß sie abscheulich sei, dann ver-
suchte man es sie in Fett geröstet zu essen, und als
sie auf diese Art noch schlechter schmeckte, briet man
sie in heißer Asche. Wer halb verkohlte Dinge zu
speisen liebt, mag das gut finden, ich nicht."

„Nun," sagte Donna Marina, „einer Pflanze
läßt Du doch Gerechtigkeit widerfahren. Sicher
weiß ich das. Unserem Maguei dessen Wein Du
so gerne trinkst!"

Xaramillo gab sich den Anschein, als spucke
er aus.

„Wein!" rief er, „Wein! Das nennst Du
Wein? Diese schauderhafte Flüssigkeit, welche nach
verdorbenem Käse riecht, und noch abscheulicher
schmeckt!"

Nun ist es allerdings richtig, daß der Pulque=
Wein einen eigenthümlich, wirklich etwas fauligen
Geruch hat, den man aber rasch gewöhnt, und
bald kaum mehr bemerkt. Es war aber auch richtig,
daß auf dem Tischchen, auf der uns bekannten Ter=
rasse, wo dieses Zwiegespräch stattfand, eine leere
Kanne stand, welche Pulque enthalten hatte, den
Jaramillo kurz vorher zu sich genommen hatte.

Donna Marina aber that, als bemerkte sie das
nicht, um seine schlimme Stimmung nicht noch zu
mehren, und in der That fuhr er wirklich fort sich
zu beklagen.

„Schon das verwünschte Einerlei," sagte er,
„vergält mir das Leben. Immer und ewig die alte
Geschichte, alle Tage die alte Leier. Dort die
Felder mit ihren langweiligen Pflanzen und Früchten,
dazwischen Palmen, die gar nicht dorthin gehören,
und diese Ceiba=Bäume, die den Boden aussaugen,
die Sonne abhalten, und fünfzig Fuß hoch über der
Erde ein paar erbärmliche Baumwollen=Kapseln
tragen. Das ist was Rechtes für so einen unge=
heueren Baum!

„Weiter hinaus aber mag ich gar nicht sehen. Auswendig kenne ich alle diese zackigen Bergspitzen, der Fluß, der einen Tag wie den andern in seinen Krümmmungen sich durch das Thal windet, kömmt mir im Traum vor, und der Vulkan ist mir ordentlich verächtlich. Er kann nicht einmal ordentlich Feuer speien, wie die andern Burschen seines Gelichters, sondern stößt blos einen erbärmlichen, dünnen Rauch aus, wie die Schornsteine armer Leute. Und das einen Tag wie den andern, ohne die mindeste Abwechselung!"

Er schwieg, und warf einen eigenthümlichen Blick nach der leeren Pulque=Kanne, und ebenfalls schweigend, und ohne die Miene zu verziehen, ging Donna Marina, die Kanne wieder mit dem gescholtenem Getränke zu füllen.

Dennoch hatte sie bei seinen letzten Worten hoch aufgelauscht, und glaubte die Quelle seiner Unzufriedenheit errathen zu haben.

Seit seiner Jugend hatte Xaramillo ein unstetes, abenteuerliches und umherschweifendes Leben geführt, und leicht erklärlich war es, daß ihm die Bequemlichkeit, welche er jetzt gefunden, unbequem wurde, und daß die stete Ruhe, welche ihm zu Theil geworden, Sehnsucht nach dem früheren bewegten Leben hervorrief.

Das stimmte die brave Frau traurig, denn sie wußte keine Abhülfe.

Gerne wäre sie ihm hinausgefolgt in ein wildes, stürmisches Leben, obgleich sie selbst wenig Sehnsucht nach einem solchen trug, da er aber für den Kriegsdienst untauglich geworden, so war nicht abzusehen, unter welcher Firma sie Beide im Lande umher streunen sollten.

Eine geheime Hoffnung hegte sie aber dennoch. In wenigen Monden sollte sie Mutter werden, und die Erfüllung der Vaterpflichten, die Freude an seinem Kinde, würde vielleicht die Sehnsucht nach seinem früheren Leben mindern.

Xaramillo seinerseits that, ohne sich den mindesten Abscheu merken zu lassen, einen tiefen Zug aus der neu gefüllten Pulque-Kanne, und fuhr dann mit seinen Klagen fort, indem er von landschaftlichen Zuständen auf die Bevölkerung überging.

„Was ist das hier herum für ein Volk," sagte er verdrießlich. „Sie sind getauft und sind Christen, aber, das Gott erbarme! welche Christen! Alle halb Jahre höchstens kömmt einmal ein Priester hierher, die Kapelle, zu welcher wir den alten Heidentempel umgewandelt, steht kalt, und wenn Du mir einen Knaben schenkst, so weiß der Teufel,

wer ihn taufen soll. Nicht einmal einen Richter
haben wir hier — —"

„Der bist ja eigentlich Du," unterbrach ihn
seine Frau.

„Eigentlich," rief Xaramillo ärgerlich, „eigentlich,
freilich, aber ich verstehe den Henker nicht von der
ganzen juridischen Schnurrpfeiferei!"

Donna Marina versetzte lachend:

„Und doch weiß ich gewisse Leute, die flehentlich
Seine Majestät in Spanien baten, ihnen um Gottes-
willen nur keine Juristen herüber nach Neuspanien
zu schicken!"

„Das sind alte Geschichten,"*) erwiderte Xaramillo ausweichend, „so viel aber weiß ich, daß man
Niemand hier hat, mit dem man umgehen kann.

„Dir, meine liebe Marina, begegnen die Frauen
entweder mit sklavischer Unterwürfigkeit, oder sie
behandeln Dich wie Ihresgleichen, und nennen Dich

---

*) Donna Marina hatte indessen dennoch recht. Mit
einer reichen Sendung von Geschenken und Kostbarkeiten,
welche Cortez von Mexiko aus nach Spanien sendete,
schickten auch „sämmtliche Eroberer, der Pater von Olmedo
und der Schatzmeister Julian von Alderete, ein unter-
thänigstes Schreiben an den Monarchen," und wörtlich
heißt es in diesem:

„Weiter ersuchen wir Seine Majestät, uns ja keine

wohl selbst noch bei Deinem früheren heidnischen
Namen: Malintzin.

„Spreche ich aber einen der Männer an, so thun
die Einfaltspinsel, als ob sie mich nicht verständen,
antworten in ihrem Kauderwälsch, und machen sich
so bald als möglich davon. Geht es aber nur
halbwegs an, so weichen sie mir aus, gleich einem
tollen Hunde."

Donna Marina war überglücklich durch diese
Mittheilung.

Sie wußte nun, was ihrem Manne fehlte.

Es war nicht die Ruhe, nicht die Einförmig=
keit, welche ihn verdrießlich machte, es war etwas
Anderes, und sie eilte dem abzuhelfen.

Der Pater Bartholomäo hatte ihr das Lesen
gelehrt, und so viel der edlen Schreibekunst, daß

Rechtsgelehrten zu schicken, indem solche, mit aller ihrer
Gelehrsamkeit, nur Prozesse anstiften, Uneinigkeit erregen,
und das ganze Land in Verwirrung stürzen würden."

Die bald darauf erfolgte kaiserliche Antwort fand
diese Bitte billig und vernünftig, und die betreffende Stelle
in dem von Valladolid ausgegangenen Briefe lautet:

„Ferner wurde, für eine bestimmte Zahl von Jahren,
allen Rechtsgelehrten die Niederlassung in Neuspanien ver=
boten, damit durch sie keine Reibungen, Prozesse und Ka=
balen veranlaßt würden."

ihre Krähenfüße mit einigem guten Willen zu ent=
ziffern waren, was für eine Frau in jener Zeit
Viel zu nennen war.

Sie machte Gebrauch von ihrer Kunstfertigkeit,
und am andern Morgen, mit dem Grauen des
Tages, war bereits ein treuer und ihr ergebener
Sklave auf dem Wege nach Mexiko.

Theils scheltend, theils klagend brachte Xaramillo
die nächsten acht Tage zu.

Er schalt über die gerösteten Bananen, und ver=
zehrte dennoch bedeutende Quantitäten derselben,
und ganz ähnlich verfuhr er mit dem Pulque.

Am Abende des neunten Tages saß er wie ge=
wöhnlich an seinem Lieblingsplatz auf der Terrasse,
und blickte theilnahmlos auf die wunderbare Fär=
bung, welche die bald zur Rüste gehende Sonne dem
Thale verlieh.

Ein leichter, röthlicher Hauch schien ausgegossen
über dasselbe, aber er störte nicht im Mindesten
die Klarheit der Fernsicht, sondern in noch lebhaf=
terem Grün erglänzte die Pflanzenwelt, gold= und
purpurfarbig blitzten die Wellen des Flusses, klar
und deutlich stiegen die Gipfel der Felsenberge
empor, und zeichneten sich mit Schärfe ab am tief=
blauen Himmel, und die schneeige Spitze des fernen
Vulkanes schien zu erglühen in den Strahlen der

scheidenden Sonne, die blühenden Rosen aber an den Wänden des Hauses erfüllten die Luft mit süßen Wohlgerüchen.

Neben dem verdrossen vor sich hinblickenden Hausherrn aber saß Donna Marina, emsig und mit Geschick die mexikanische Spindel handhabend, wenngleich bisweilen verstohlene Blicke in das Thal werfend.

Aber das geübte Auge ihres wohl zwölf Jahre älteren Herrn war dennoch schärfer als das ihre.

Plötzlich hielt er die Hand über die Augen, und spähte nach dem Theile des Thales, der dem Vulkane entgegengesetzt war.

Immer grüne Wälder stiegen dort von den Bergen fast bis nieder in die Thalebene, und dort= hin richtete er seine starren Blicke.

Jetzt aber röthete sich seine Wange, er machte unwillkürlich mit der Rechten eine leichte Bewegung nach der Schwertseite, und rief dann mit fast er= stickter Stimme:

„Bei meinem Gewissen" (er pflegte wie Cortez zu schwören), „bei meinem Gewissen! Eine Armada! Bewaffnetes Volk zieht in's Thal!"

Waren es Freunde? Waren es Feinde? Das war ihm vorläufig einerlei. Es waren Menschen, das heißt Leute, die Schwert und Lanze führten, und nicht Gesindel, wie die im Thale, und daß er nun solche ächte, wirkliche Menschen wieder sehen sollte, machte ihn glücklich. Was sie daher führte, war ihm vorläufig einerlei.

Der kleine Reitertrupp näherte sich jetzt rasch der Ortschaft, und als Donna Marina die Bewegung ihres Gatten sah, pochte ihr Herz in mächtigen, freudigen Schlägen.

„Ich glaube, Juan, wir bekommen Gäste," sagte sie mit bewegter Stimme.

„Wer wird mich in meiner Einsamkeit besuchen!" erwiderte Xaramillo, aber dennoch glaubte er ihr, weil ihm das als ein hohes Glück erschien.

Sie aber hatte gut vermuthen.

Das Briefchen, welches sie mit dem Sklaven nach Mexiko, an einen alten Freund in Cortez' Heer, gesendet hatte, lautete:

„Lieber Herr!

„Ich fürchte, daß die Einsamkeit meinem Eheherrn schlimmes Blut macht. So bitt' ich Euch, um der Wunden Christi Willen, sucht es zu richten, das ein paar von unseren alten Kameraden herreiten mögen und vorlieb nehmen, auf ein paar Tage, mit unserem geringen Hause. Mündlich will ich Euch eine Menge Dinge erzählen, anjetzto aber muß ich schließen.

Donna Marina."

Postskriptum:

„Sagt meinem Herrn Nichts davon, daß ich Euch geschrieben.

. Die Obige."

Die alten Kameraden aber hatten sich nicht zweimal bitten lassen, und die Bewegung ihres Mannes zeigte ihr, daß sie sich nicht geirrt hatte.

Jetzt aber hatten die Herankommenden die Ort= schaft erreicht, und da sie ohne Zweifel den auf seiner Terrasse stehenden langen Xaramillo erkann= ten, schwenkte einer von ihnen sein Taschentuch.

Donna Marina erwiderte den Gruß, Xaramillo aber, mit den Händen winkend, und in der Luft fechtend, rief:

„Herbei und heran! Und vorwärts mit Sant Jago!"

Als aber, wenige Minuten später, die Gäste von ihren Roßen gesprungen waren, sank man sich jubelnd in die Arme, und einer von den Angekom= menen sagte:

„Da sind wir nun gekommen, alter Freund und Kamerad, Euch einmal zu beschmausen, und von alten Zeiten zu plaudern. Damit Ihr aber gleich

wisset, wie lange Ihr uns zu füttern habt, so ver=
nehmt: Wir bleiben heute und morgen den Tag
über, in der Nacht aber sagen wir Euch Valet, und
ziehen wieder heim nach der Stadt, denn länger
haben wir nicht Urlaub. Aber ist's Euch genehm,
so kommen wir bald wieder."

Freudestrahlend und mit den herzlichsten Worten
beantwortete Xaramillo ihre Ansprache, und schloß,
indem er sagte:

„Kommt täglich, und bleibt stets hundert Jahre!"

Das war ein wenig stark blumenreich, oder
eigentlich, ein wenig stark unsinnig, aber Niemand
verargte ihm das, da man sah, daß die Freude
seines Herzens gesprochen, und ihm die Worte in
den Mund gelegt hatte.

Donna Marina aber war glücklich, wie nicht
mehr seit langer Zeit.

Sie hatte die Krankheit ihres lieben Juan er=
kannt, und zweifelte nicht einen Augenblick daran,
daß dieselbe schon halb geheilt.

Damit der geehrte Leser aber weiß, wer die
alten Kameraden Xaramillo's waren, die gekommen
ihn zu besuchen, so wollen wir, stets auf historischem
Boden stehend, die Namen derselben nennen, nach
einem ausführlichen Verzeichnisse, welches unser Diaz,
Band IV Kap. VII, unter folgendem Titel giebt:

„Von den tapferen Offizieren und Soldaten, die wir von der Insel Cuba aus mit dem hoch= herzigen Feld=Obristen, Don Herando Cortez, nach= herigem Marques del Valle, unter Segel ge= gangen.“

Es waren deren fünf, die bei Xaramillo ein= geritten waren, und Diaz giebt ihre Namen und Eigenschaften folgendermaßen an:

Juan von Cuellar, ein guter Reitersmann, der die schöne Tochter des Fürsten von Tezcuco (Meriko) heimgeführt hat, und ruhig auf seinem Bette gestorben ist.

Der Portugiese Magallanes, ein tüchtiger Soldat und ganz vortrefflicher Fußgänger, der später unter den Indianern zu Grunde gegangen ist.

Martin de Palo, ein Neffe des alten Alonso Hernandez de Palo. Noch ein junger Mann, aber ein tüchtiger Schütze.

Pedro Moreno Medraro, hatte sich ge= raume Zeit in Veracruz niedergelassen, war oft Alkalde im gewöhnlichen Dienste gewesen, und wurde wegen seiner strengen Gerechtigkeit gerühmt. Später= hin zog er nach Puebla, und war ein dem Mo= narchen höchst ergebener Mann und guter Soldat. Er starb auf seinem Bette.

Endlich: Rodrigo von Castanneda, ein guter Soldat, starb in Spanien.

Es ging, nachdem die Angekommenen, wie erwähnt, auf das Herzlichste begrüßt worden waren, gemüthlich zu im Hause Xaramillo's.

In kurzer Zeit stand ein Imbiß und ein frischer Trunk auf dem Tische, man fragte nach den gegenseitigen Erlebnissen während der Zeit der Trennung, dann nach dem Neuesten aus Mexiko, und endlich frug Xaramillo und Donna Marina nach dem Geschicke anderer alter Kriegskameraden, die theils in Mexiko standen, theils im Lande zerstreut waren.

Allmählig ging der zuerst aufgesetzte Imbiß in das Nachtmahl über, und der Hausherr war im Stillen verwundert und zugleich erfreut über die reichen Vorräthe, welche Donna Marina zur Hand hatte, was aber eigentlich keine besondere Kunst war, da sie schon acht Tage lang sich auf den Besuch gerüstet.

Wie es Sitte zu jener Zeit, belobten die Gäste höchlich das ihnen vorgesetzte „Trakament", und als sie ganz besonders der wilden Truthühner, der Feldhühner und Kaninchen erwähnten, sagte Donna Marina leichthin:

„Es hat derlei genug auf unsere Kommende, und die Leute in der Gegend verstehen sich trefflich darauf all' dieses Wild zu fangen."

Der junge Martin de Palo rieb sich, als er dieses vernahm, mit allen Zeichen des Vergnügens die Hände, ohne sich indessen weiter zu äußern.

Heiter und scherzend sprach man dann von alten und neuen Dingen.

Wie zum Beispiele, während Cortez' Abwesenheit auf dem Zuge nach Honduras, der ungetreue Faktor Gonzalo von Salazar die Gewalt an sich reißen wollte, Cortez Tod bekannt machen, und die Nachricht verbreiten ließ, daß man in einem Hofe der Kirche von Santjago, wo früher der Tempel des Huitzilopochtli gestanden, zu nächtlicher Zeit den Cortez und die Donna Marina im Fegefeuer gesehen habe.

Wie ferner Andere, um sich dem Faktor wohlgefällig zu erzeigen, in den großen Höfen von Tezcuco wiederum Cortez und Donna Marina als böse Geister wandelnd gesehen haben wollten.

Wie abermals selbiger Faktor den Frauen der Männer, die angeblich mit Cortez gefallen sein sollten, befahl für die Seelen ihrer todten Männer zu beten, und dann sofort andere Männer zu heirathen.

Ja wie er sogar eine sichere Juana Mansilla, die Frau Alonso's Valiente, als Hexe durch die Straßen stäupen ließ, weil sie sagte, ihr Mann sei noch am Leben, und er, Cortez und die andern „alten Eroberer", seien ganz andere Kerle, als der Faktor und sein Anhang.

Und wie endlich der schlimme Faktor eingefangen, und in einen hölzernen Käfig gesperrt, die brave Juana Mansilla aber wieder zu Ehren gebracht, indem der Schatzmeister sie hinter sich auf sein Pferd nahm, und, in Begleitung aller Kavaliere, einen feierlichen Umzug mit ihr in Mexiko hielt.

Dann sprach man davon, daß Cortez, dessen erste Frau schon 1522 gestorben war, sich in Spanien wieder verheirathet habe, und endlich, da heute der Pulque den fatalen Käsegeruch gänzlich verloren zu haben schien, trank man wacker, und die Meisten sprachen von Dem, was sie bereits gethan und noch zu thun hofften, und von ihren besonderen Geschick= lichkeiten in Diesem und Jenem.

Lustig und guter Dinge, suchten endlich, spät in der Nacht, die Genossen ihr Lager.

Nicht minder heiter bewegte man sich am näch= sten Morgen, als Xaramillo seinen Gästen sein Be= sitzthum zeigte.

Zwar waren nur viere derselben zu Hause, denn

Martin de Palo hatte von einem Aufseher eine
Flinte entlehnt, und war in's Feld gegangen, dafür
aber gab es mancherlei Scherz unter den Andern.

So zeigte Xaramillo seinen Freunden einen jungen
Hengst, der schon in Neuspanien gezüchtet worden
war, da warf Juan von Cuellar dem Thier eine
Wassertrense über, schwang sich auf das ungesattelte
Roß und begann es zu tummeln.

Der Portugiese Magallans aber bot ihm eine
Wette, früher als er, zu Fuße ein bestimmtes Ziel
zu erreichen, und hätte fast den Sieg davon getragen,
da anfänglich der Hengst sich bäumte, und nur
schwer zu geradem Lauf zu bringen war.

Mancherlei Scherz und Gelächter gab es da
unter den alten Kampfgenossen.

Aber auch Belehrendes fehlte nicht, denn Pedro
Moreno Medrano gab Xaramillo mancherlei An-
leitung, wie er die Rechtspflege ausüben solle auf
seiner Kommende, und nicht minder verständig wußte
er mit den Arbeitern in den Pflanzungen zu sprechen,
denn auch im Ackerbau und in ländlichen Beschäf-
tigungen war der kluge Mann wohl erfahren.

Allgemeiner Jubel aber erscholl, als gegen die
Mittagszeit der junge de Palo heimkehrte mit reicher
Jagdbeute.

Er hatte zwei Truthähne geschossen, ein halbes

Dutzend Feldhühner und ein paar Kaninchen, und wußte nicht genug die vortreffliche Jagd zu loben, welche er da gefunden habe.

„Ihr seid zu beneiden, Sennor Xaramillo,“ sagte er, „um solche Jagdgründe. Das Wild läßt Einen heran auf ein Dutzend Schritte, und thut, als habe es nie schießen gehört, und es ist Euch wahrlich nicht zu verargen, wenn Ihr die Flinte nicht von der Schulter bringt, und tageweise jagen geht.“

Gleich höfliche und für den Hausherrn erfreuliche Gespräche würzten das Mittagsmahl und den Nachmittag, und als endlich, gegen Abend, die Gäste Abschied nahmen, um die Frische der Nacht zur Reise zu benützen, versprachen sie bald wieder zu kehren, vorher aber allenthalben in der Stadt zu verkünden, wie glücklich Xaramillo, und wie zufrieden er sei.

Dann sprengten sie hinweg, mit den Taschentüchern winkend, wie bei ihrer Ankunft, und eben so erwiderte Donna Marina den Gruß, und Xaramillo winkte mit den Händen.

Donna Marina aber, die gute und verständige Frau, schwelgte in stillem Glücke.

Sie hatte den Trübsinn ihres Mannes verscheucht, sie hatte ihm liebe, alte Gefährten zugeführt,

und jetzt wollte sie es ihm gestehen, daß sie es ge=
wesen, die ihm solche Freude bereitete.

Einleitend begann sie:

„Nun, Juan, was sagst Du zu unseren Gästen?“

„Ich sage,“ versetzte Xaramillo, „daß, wenn man
einem Esel die Augen verbinden, und die Aufgabe
stellen würde, eine gute Gesellschaft zusammen zu fin=
den, er keine langweiligere und widerwärtigere zusam=
men bringen könnte, als diese, die jetzt dort, in eine
Staubwolke gehüllt, Gott sei Dank, zum Teufel
reiten!“

Die gute Frau hatte freilich wohl geglaubt,
gestern sowohl wie heute, bei dem Gespräche der alten
Freunde, bisweilen eine leichte Wolke auf der Stirne
ihres Herrn zu bemerken. Das aber hatte sie nicht
erwartet, und sie fragte jetzt, heftig erschrocken und
bekümmert, weßhalb er also unzufrieden mit seinen
alten Kameraden sei.

„Weßhalb?“ gab Xaramillo zur Antwort, „Weß=
halb? Nun, meine Wunde am Schenkel fällt mir
höchst lästig beim Reiten, und erschwert mir selbst
das Gehen.

„Dieser Juan von Cuellar aber brüstete sich
gestern, fast den ganzen Abend hindurch, mit seinen
Reiterkünsten. Heute Morgen tummelt er meinen
jungen Hengst, den ich selbst noch nicht einmal

bestiegen, und der spindeldürre Portugiese Magal=
lans läuft wie ein Windhund neben ihm her.

„Soll mich, den halb Gelähmten, das nicht
verdrießen.

„Von dem einfältigen Jungen, dem Palo, der
Nichts gelernt hat, und Nichts kann, als Hühner
und Kaninchen schießen, will ich gar nicht reden.
Hat er mir aber nicht fast mit dürren Worten vor=
geworfen, daß ich ein Stümper sei im Waidwerke?"

„Du siehst zu schwarz," versetzte Donna Marina,
„er lobte einfach unsere Jagd, und war erfreut,
weil er gute Beute mit nach Hause brachte."

„Ich kenne diese Gelbschnäbel schon," sagte Xa=
ramillo verdrießlich, „jedenfalls aber konnte a u ch
er Etwas, was ich nicht kann, oder doch nur wenig
übte, und es ist klar, daß mich das ärgern muß.

„Der Widerwärtigste von Allen aber ist dieser
Pedro Moreno Medrano!

„Haben wir, die alten Eroberer, uns deßhalb
die Rechtsgelehrten aus Spanien verbeten, damit
hier unsere Soldaten die Winkeladvokaten machen!

„Und ist dieser Kerl, dieser Medrano mehr, als
ein spitzbübischer Rechtsverdreher, und dabei ein
aufgeblasenes, hochmüthiges Subjekt?

„Hast Du nicht gehört wie er den ganzen Abend

hindurch) mir seine Weisheit aufdrang, und wie
unverschämt er sich dabei benahm?

„Die Andern machten ihre einfältigen Kunst=
stücke doch wenigstens ohne zu sagen: „„Seht,
das können wir, Ihr aber Ihr versteht das nicht.““

„Er aber belehrte mich, wie ich in streitigen
Fällen, unter diesen Halbheiden hier im Orte, Recht
sprechen sollte, und begann stets:

„„Ich weiß, lieber Xaramillo, daß Ihr das
nicht versteht, laßt Euch also sagen u. s. w.““ oder:

„„Jedenfalls wißt Ihr nicht u. s. w.““ oder:

„„Sicher ist Euch nicht bekannt u. s. w.““ oder:

„„Da Ihr von dergleichen wenig, oder keine
Kenntniß habt, so wird es Euch lieb sein zu ver=
nehmen u. s. w.““

„Den Teufel auch war mir das lieb! ich ärgerte
mich über die Unart, mit welcher er begann, und
langweilte mich über das langweilige Zeug, welches
er mir eintrichtern wollte, und das ich stets schon
vergessen hatte, bis er auf's Neue seine Weisheit
auskramte, und dabei mußte ich thun, als lausche
ich mit der größten Aufmerksamkeit auf sein Ge=
schwätz, und sei ihm zu hoher Dankbarkeit ver=
pflichtet.“

„Gewiß aber meinte er es nicht schlimm,“ sagte
Donna Marina begütgend.

„Meinetwegen," rief Xaramillo, „meinetwegen, soviel aber weiß ich, daß er heute Morgen in den Pflanzungen mich fast zur Verzweiflung brachte, indem er den Arbeitern ebenfalls gute Lehren gab, und gerade das Gegentheil von dem zu Markte brachte, was ich ihnen vorher befohlen hatte."

Donna Marina wußte freilich, daß er niemals Befehle ertheilt hatte, sondern, um seine Unkenntniß zu bergen, gar nicht mit den Arbeitern sprach, aber sie schwieg und war froh, als endlich ihr Gatte über den fünften seiner Gäste sich lobend aussprach.

„Der einzige Vernünftige von Allen," sagte Xaramillo, „war dieser Rodrigo von Castanneda, obgleich er, im Grunde genommen, gegen die Andern, nur wenig sprach, und auch auf die Windbeuteleien, die Jene vorbrachten, kaum zu hören schien.

„Was er dagegen sagte war vollständig, und hatte Hand und Fuß. Zum Beispiele:

„„Lumpenvolk dahier im Lande — Verwünsch= tes Neuspanien — Hundeleben — Elendige Land= schaft — Schlechte Verköstigung — Essen Menschen= und Hundefleisch — Ich wollte, ich wäre zu Hause.""

„Der Mann," fuhr Xaramillo fort, „gewann rasch mein Herz, und ich hätte nur gewünscht mich länger und ungestört mit ihm unterhalten zu können."

Einigermaßen war das ein Trost für Donna

Marina, ihres, im Uebrigen verfehlten Versuches, ihren Gatten aufzuheitern.

Wir wissen nicht, ob sie einen zweiten Boten nach der Hauptstadt zu alten Freunden sendete, auffällig aber blieb es, daß schon nach vierzehn Tagen Rodrigo von Castanneda allein auf der Kommende erschien, und seine früheren Begleiter entschuldigte, weil sie, troß aller angewendeten Mühe, dennoch keinen Urlaub hätten erhalten können.

Er dagegen kam jetzt öfter, von den Andern war kaum mehr die Rede, dagegen schütteten er und Xaramillo gegenseitig ihre Herzen aus, und es ereignete sich der merkwürdige Fall, daß aus zwei Unzufriedenen, durch tüchtiges Räsonniren, zwei Zufriedene wurden.

Kapitel VII.

Wie Xaramillo Mexiko verläßt und nach Spanien geht,
wie es ihm dort ergangen, wie er nach Deutschland zieht,
und den Wein daselbst sauer findet. Vom Rathsherrn Romberger, der dem kleinen Rodrigo Rosinen verehrt, und von
anderen Dingen mehr.

Im Jahre 1532 finden wir Xaramillo und
Donna Marina in einer mittelgroßen deutschen
Reichsstadt wieder.

Das wir den alten Kriegskameraden des Cortez
nicht mehr in Neuspanien treffen, ist, nach der
Stimmung, in welcher wir ihn verließen, freilich
denkbar, einigermaßen auffällig erscheint es indessen,
daß dies in Deutschland geschieht, und wir wollen die
Gründe anzugeben versuchen, weßhalb er Deutsch=
land seinem Vaterlande vorzog.

Xaramillo und sein neu gewonnener Freund
Rodigro von Castanneda hatten ihre Unzufrieden=
heit mit den Zuständen, und ihrem Aufenthalte in
Mexiko so oft und so ausführlich besprochen, daß

es beiden endlich selbst zuwider wurde, und sie
endlich beschlossen, auf Abhülfe zu sinnen.

Die Ursachen ihrer Mißstimmung waren theils
höchst verschiedener Art, theils wieder dieselben.

Was die erstern, die ungleichen, betraf, so kann
man vielleicht sagen, daß Xaramillo von seinem
guten Glücke zu viel erhalten hatte, und sich in
dem ungewohnten Reichthume nicht gut zurecht finden
konnte, während Castanneda dagegen behauptete,
allzuspärlich behandelt worden zu sein, und sich zurück gesetzt fühlte, abgleich er in Neuspanien wohl
zehnmal mehr erworben hatte, als ihm geworden
wäre, wenn er in seinem Vaterlande als Soldat
gedient haben würde.

Die zweite Ursache ihrer Mißstimmung war
das Heimweh, welches sich gründlich Beider bemäch-
tigt hatte, ohne daß sie anfänglich sich dieser schlimmen Krankheit bewußt waren, nachdem dies aber
nach und nach der Fall war, erschien ihnen auch
die Abhülfe wenig schwer.

„Wir gehn nach unserem schönen Spanien",
sagte Xaramillo, „wo man uns mit offenen Armen
aufnehmen und mit Ehrenstellen überhäufen wird."

„Und", setzte Castanneda hinzu, „wo man nicht
Gefahr läuft, um ein paar Bruchstücke eines Ge-
fäßes von schlechtem Golde, oder um eine Hand

voll elender Goldkörner von dem hiesigen, abscheu=
lichen Heidenvolke geschlachtet und gegessen zu
werden."

Es wurden ihnen nicht viele Schwierigkeiten in
den Weg gelegt, um ihre Wünsche durchführen zu
können.

Xaramillo erhielt die Erlaubniß, seine Kommende
käuflich an einen andern der „alten Eroberer" zu
übertragen, der hinlänglich Gold gewonnen hatte,
und sich nun zur Ruhe setzen wollte, und, verkaufte
Xaramillo gleichwohl ziemlich billig, so konnte er den=
noch stets ein hübsches Sümmchen mit nach Spanien
nehmen, da er bei früheren Beute=Theilungen nicht
zu kurz gekommen war, und auch bei manchfachen
anderen Geschäftchen, welche hie und da die alten
Eroberer zu machen pflegten, Glück gehabt hatte.

Donna Marina aber war, der vielen Dienste
halber, welche sie den Spaniern leistete, bei der
Theilung von Kriegesbeute ebenfalls nicht kärglich
bedacht worden.

Was aber Rodrigo von Castanneda bedraf, so
wurde es ihm leicht, seinen Abschied zu erhalten,
da er seine Unzufriedenheit ein wenig allzu oft an
den Tag legte.

Nachdem diese Geschäfte in Ordnung gebracht
waren, wartete man, bis Donna Marina, welche

Xaramillo mit einem Knaben beschenkt hatte, ohne Gefahr für sich und ihr Kind, die Seereise ertragen konnte, und begab sich hierauf nach Veracruz, um eine Schiffsgelegenheit nach Spanien abzuwarten.

Natürlich kannte Donna Marina die Unzufriedenheit ihres Gemahles, und errieth seinen Entschluß, Mexiko zu verlassen, vielleicht früher, als er ihm selbst klar wurde. Gefragt aber, oder zu Rathe gezogen, wurde sie nicht.

Xaramillo wußte, daß sie ihm folgen würde, wohin es auch ihm einfiele sich zu begeben. Das war auch in der That der Fall, da sie ihm treu und mit Ergebenheit anhing, und auf der anderen Seite der Entschluß, das Land, in welchem sie geboren, zu verlassen, ihr kaum schwer fiel.

Wir sagen absichtlich nicht: ihr Vaterland, denn nach unseren Begriffen war Mexiko für sie schwerlich also zu nennen, wenn man bedenkt, wie sie von den Ihrigen behandelt wurde, und die Stellung der Frauen zu jener Zeit dort im Lande erwägt.

Die Spanier waren ihre Freunde geworden, ihre Landsleute, wenn man also sagen darf, und das Vaterland jener das ihrige.

Noch ein stiller Herzenswunsch lief aber mit unter, welcher ihr die Reise nach Spanien wünschenswerth erscheinen ließ.

Flüchtig erwähnten wir oben, daß sie Cortez einen Knaben geboren hatte, sie hegte und pflegte denselben getreulich in allen Bedrängnissen und Fährlichkeiten, welche sie mit den Spaniern bestand nun aber wußte sie Nichts weiter von demselben, als daß ihn Cortez mit sich nach Spanien genommen hatte.

So war der stille Wunsch ihres Herzens der, dieses Kind noch einmal zu sehen, und, wenn auch zum letzten Male, in ihre Arme schließen zu dürfen.

Wer mag ihr das verargen?

Wir lassen aber nun Xaramillo, Marina mit ihrem Knaben Rodrigo, den Castanneda aus der Taufe gehoben hatte, und diesen Letztern selbst zur See gehen, übergehen die Beschwerden und Fährlichkeiten einer Seereise in jenen Zeiten, und begrüßen die glücklich Angekommenen im reizenden Spanien.

Der Gevatter Castanneda nahm bald Abschied, um sich nach seiner Heimath zu begeben und für eine neue Stellung Sorge zu tragen, Xaramillo aber durchzog mehrere Städte, ohne sich indessen länger, als es eben nöthig aufzuhalten, um so bald als möglich Madrid zu erreichen, wo er Bekannte hatte, und seine Hoffnungen zu verwirklichen glaubte.

Auf Donna Marina machte das Neue, was sie hier sah, freilich Eindruck, jedoch keinen allzu mächtigen.

Neuspanien hatte eben so große Städte, eben so große Gebäude, als sie hier im Mutterlande sah, und vor Ankunft der Spanier waren dort auch alle Verhältnisse geordnet, wenn freilich gleich auf andere Weise als in Spanien.

Sie hatte hier also mehr Neues zu bewundern, als niegesehenes Großartiges anzustaunen, und nur die Pracht der Kirchen und die riesenhaften Kathedralen erfreuten das Herz der frommen Christin, da sie dergleichen nie gesehen und nicht für möglich gehalten hatte.

Weniger bezüglich der Kirchen, als in anderen Dingen, erging es ihrem Gemahle ziemlich ähnlich.

Auch er erfuhr Dinge, die er vorher für vollständig unmöglich gehalten hatte, und es mag wohl Vielen so ergehen, die, nach langer Abwesenheit, in die alte Heimath zurückkehren.

Wem es in der Fremde nicht über alle Begriffe gut geht, oder wer, wir bitten tausendfältig um Entschuldigung, also wer nicht ein ganz vollständig rücksichtsloser Lump ist, hat draußen, im fremden Lande, stets ein wenig Heimweh, stets eine gewisse Sehnsucht nach der Heimath, wenn vielleicht nicht

selten, ohne sich dieses Heimwehes vollständig klar
bewußt zu sein.

Vorzugsweise betrifft diese Sehnsucht aber ge=
wisse Zustände, nach denen man sich zurücksehnt,
Gewohnheiten, die man draußen entbehren mußte,
und theuere Persönlichkeiten, die man verließ.

Aber der Heimgekehrte findet fast Alles anders,
als er erwartete.

Die heimischen Zustände, die uns lieb geworden,
und auf welche wir draußen, wo es uns schlimm
erging, vielleicht in allzu rosigem Lichte zurückblickten,
diese Zustände haben sich verändert, und statt ihrer
treffen wir vielleicht trefflich nachgeahmte Formen
von Dem, was uns das Ausland verleidete.

Den alten, lieben Gewohnheiten nachzuhängen
findet sich keine Gelegenheit, die alten, lieben
Freunde sind verzogen, weit weg in andere Gegend,
oder sie sind gestorben, oder, was fast noch
schlimmer, sie sind uns fremd geworden.

Und ziemlich also, vielleicht noch schlimmer, er=
ging es unserem Xaramillo.

Manche seiner Freunde aus früherer Zeit
waren in die Ewigkeit gegangen, Andere schienen
nur mit Mühe sich seiner zu erinnern, und nur
einige arme Teufel weinten Freudenthränen, wenn
sie ihm begegneten, weil sie erfahren hatten, daß

er Gold erworben in Neuspanien, und weil viel=
leicht das Gerücht seinen Reichthum noch ver=
größerte.

Mit solchen Freunden war aber Xaramillo
nicht gedient.

Angesehene Leute aber, von denen er gehofft
hatte, als ein mächtiger Caballero, und als eben=
bürtig betrachtet zu werden, sahen ihn über die
Schulter an und behandelten ihn als einen
Abenteuerer.

Cortez selbst hatte zahlreiche Feinde, und gelang
es ihm auch, für seine Person, zu Ehren zu ge=
langen, so zum Beispiel den Titel eines Marques
del Valle zu erhalten, so ließ man seinen Groll
desto mehr an seinen Kriegsgefährten aus.

Die Träume also von großer Achtung, von
Ansehen und Ehren, in denen er sich gewiegt,
wurden zu Nichte, und alle Hoffnung schwand, sie
erfüllt zu sehen.

Manche der alten Eroberer, denen es ähnlich
ergangen war, kehrten nach Mexiko zurück, das aber
verbot ihm sein Stolz, und überdies, was dort
beginnen?

Er hatte dort kein Besitzthum mehr, zum Kriegs=
dienste war er nicht mehr tauglich, so entschloß er
sich rasch, bestieg ein Schiff Carls V., welches

nach Flandern ging, und gelangte von dort nach Deutschland.

Und Donna Marina?

Nun, sie folgte ihm mit derselben Ergebenheit, mit welcher sie ihn nach Spanien begleitet hatte, auch nach Deutschland, ohne die mindesten Bedenken, einfach, weil es ihre Pflicht war.

So wenig aber, wie seine Hoffnungen und Wünsche in Erfüllung gingen, war das auch mit den ihrigen der Fall.

Sie erfuhr nur, daß das Kind, welches noch einmal an ihr Herz zu drücken ihr sehnlichster Wunsch war, von Cortez zu dessen noch lebendem Vater gebracht worden war, aber es war ihr nicht möglich dorthin zu gelangen, und kaum auch erhielt sie nähere Nachricht.

Nicht viel besser ergeht es uns selbst.

Wir erfahren nur, daß, als Carl V. eine Flotte nach Algier rüstete, Cortez mit seinen beiden Söhnen, dem Majoratsherrn und ferner Don Martin Cortez, dem Sohne Donna Marina's, ebenfalls Dienste auf dieser Flotte nahm, und reichlich ausgerüstet war mit Soldaten, Dienern und Pferden.

Aber Cortez' Glück war längst von ihm gewichen.

Ein Sturm zerstörte fast die ganze Flotte, und Cortez sammt seinen Söhnen rettete mit genauer Noth das Leben.

Nach mehrfachen Mißhelligkeiten und Unglücken, welche dann später noch Cortez betrafen, starb er endlich, zweiundsechzig Jahre alt, in Castilla de la Cuesta, am zweiten Dezember 1547.

Mehr Glück scheint Donna Marina's Sohn, Don Martin, gehabt zu haben, wenigstens gelangte er später zu der Würde eines Comthur des Sant= jago = Ordens.

Sehen wir aber nun, nach dieser langen Ab= schweifung wieder nach Xaramillo.

Wir finden ihn am Fenster eines hübschen Hauses sitzen, und hinab blicken auf den Marktplatz, auf welchem ein geräuschvolles und bewegtes Leben herrschte.

Der wackere Hauptmann schien größer geworden, gegen frühere Zeiten, was aber darin seinen Grund hatte, weil er auffällig hager geworden war, dabei aber seine gerade, soldatische Haltung beibehalten hatte. Indessen war er bedeutend gealtert, Falten und Runzeln zeigten sich auf seinem Antlitze, sein glänzend schwarzes Haupthaar war mit Silberfäden durchzogen, vollständig ergraut war er an den

Schläfen, und sein Bart zeigte eine sonderbar zweifel=
hafte Farbe.

Man hätte ihn für einen ziemlich starken Fünf=
ziger halten können, obgleich er kaum die Hälfte
der vierziger Jahre erreicht hatte.

Was an ihm die Zeit verbrochen hatte, schien
sie indessen an seiner Gattin wieder gut machen
zu wollen.

Donna Marina, denn wir wollen sie stets noch
also nennen, Donna Marina, welche ihr zweiund=
dreißigstes Jahr begonnen hatte, war stets noch eine
wunderhübsche Frau, obgleich die Frauen ihres Volkes
rasch altern und häßlich werden, nicht selten selbst
häßlich zum Exzeß.

Aber sie war auch glücklich, glücklich in der Liebe
zu ihrem Kinde, dem kleinen Rodrigo, und wenn
Etwas einen Schatten auf dieses ihr Glück warf,
so war es, daß sie Xaramillo nicht so zufrieden sah,
als sie es gewünscht hätte.

Er schien zu den Leuten zu gehören, die ein
sorgenfreies Leben nicht ertragen können, und Marina
mußte sich gestehen, daß sie ihn nie heiter und zu=
frieden gesehen hatte, als in Mexiko, kämpfend unter
Cortez, umgeben von tausend Gefahren, Hunger
und Durst leidend, und auf bloßer Erde sein Lager
suchend.

Er war unzufrieden auf seiner Kommende und langweilte sich.

In Spanien war er mißvergnügt und ärgerlich.

Im lieben Deutschland aber langweilte und ärgerte er sich gleichzeitig.

Er schalt, in wohlgeheizter Stube, über die rauhe Witterung, während er, auf den Hochgebirgen Mexiko's, Kälte genug ertragen hatte.

Der deutsche Wein war ihm zu sauer, und während er wehmüthig des Rebensaftes seines Vaterlandes gedachte, ließ er nicht selten durchblicken, daß er Sehnsucht nach dem geschmähten Pulque habe.

Am meisten aber molestirte ihn die Sprache, oder eigentlich das Sprechen.

Nur schwer hatte er es so weit gebracht, daß er ein wenig Deutsch radbrechen konnte, und wenn man weiß, wie liebenswürdig und schulmeisterlich unsere Landsleute sind, wenn sie einen Fremden mangelhafte unsere Sprache sprechen hören, so ist es leicht erklärlich, daß er mancherlei Verdrieß= liches erfuhr.

Donna Marina dagegen, mit ihrem wunder= baren Talente für Sprachen, hatte rasch vollkommen gut Deutsch sprechen, ja selbst schreiben gelernt, und versah jetzt häufig, so wie früher in Mexiko, das Amt einer Dolmetscherin, indem sie gleichzeitig ihm die Neuigkeiten der Stadt, und von außen her in dieselbe gedrungene Nachrichten erzählte.

Wie es aber häufig der Fall zu sein pflegt, daß nämlich Fremde die Verhältnisse eines Landes, welches sie verhältnißmäßig nur kurze Zeit bewohnen, nicht richtig auffassen, war das auch hier bei unseren beiden Eheleuten der Fall.

Die beiden wichtigsten Ereignisse jener Zeit waren unstreitig die Reformation, welche schon länger begonnen und jetzt bedeutende Fortschritte machte, und der Bauernkrieg, welcher bereits vor mehreren Jahren sein Ende erreicht hatte, von dessen Greueln man aber stets noch sprach.

Aber weder Donna Marina noch ihr Gemahl nahmen besondere Notiz von beiden Dingen.

Was den Bauernkrieg betraf, so stellten ihn Beide in die Reihe der Scharmützel, welche sie in Mexiko mit aufrührischen Indianern bestanden hatten, und waren deßhalb vollständig zufrieden mit den ziemlich energischen Mitteln, welche man angewendet hatte, um die Aufrührer zu Paaren zu treiben.

Die Reformation anlangend, so hatte man Donna Marina, als man sie in Mexiko taufte, gesagt, daß er Nichts gebe, was vortrefflicher sei als das Christenthum, und sie konnte daher nicht recht

begreifen, warum man eine solche vortreffliche Sache
verändern, oder noch vortrefflicher machen wolle.

Xaramillo aber machte nicht mehr in Religion.

„Ich habe Heiden genug bekehren helfen,“ sagte
er, „daß ich ein guter Christ bin, kann mir der
Teufel selbst nicht wegdisputiren, und wenn sich die
Paters streiten, so kann ich Nichts dafür, am Aller=
wenigsten aber werde ich mich dareinmischen. Sie
werden sich schon wieder vertragen.“

Freilich fiel, wie die Geschichte zeigt, dieses
„Vertragen“ nicht besonders glänzend aus, Xaramillo
aber hielt an seinem Vorsatze fest, und blieb, die
kirchliche Bewegung betreffend, stets auf neutralem
Boden.

Jetzt aber erheiterten sich seine Züge, ein Be=
kannter nahte sich seinem Hause, und der Haupt=
mann beugte sich grüßend aus dem Fenster, lud den
auf der Straße Gehenden durch Winke mit der
Hand ein, ihn zu besuchen, und erhob sich dann,
um den wirklich Folgeleistenden zu begrüßen.

Der bald hierauf Eintretende, der Rathsherr
Romberger, war ein stattlicher Mann, so ziemlich
in gleichem Alter wie Xaramillo selbst, aber frischer
und jünger aussehend als dieser, und heiter
und lebhaft im Kreise seiner Freunde, wenn es
ihm vergönnt war, die im Amte und auf der

Straße gebräuchliche ernste und feierliche Miene abzulegen.

Der Rathsherr war einer der Wenigen in der Stadt, mit welchen Xaramillo gerne verkehrte.

Er hatte Reisen gemacht, wenngleich nicht so weite wie jener, er sprach mit Xaramillo vorzugs= weise von Dingen, an welchen dieser Antheil nahm, die Hauptursache aber, weßhalb er gerne Umgang mit ihm pflog, war wohl die, daß er auch das schlechteste Deutsch, welches Xaramillo zum Vorscheine brachte, vollkommen gut verstand und bei den ab= scheulichsten Sprach=Sünden, welche der Hauptmann sich zu Schulden kommen ließ, keine Miene verzog.

So fand er auch jetzt die freundlichste Aufnahme, und bald befanden sich Beide im lebhaftesten Ge= spräche, aber trotz des Vergnügens welches Xaramillo ersichtlich empfand, seinen Freund bei sich zu sehen, war dennoch eine gewisse Gedrücktheit, oder eine Mißstimmung, in seinem Wesen nicht zu verkennen.

Ohne Umschweife ließ sich Romberger darüber aus:

„Es ist mit Euch nicht, wie es sein sollte," sagte er freundlich, „Ihr sitzt im Fette, habt, was Euer Herz begehren mag, hinter Euch liegen glor= reiche Erinnerungen vergangener Tage, vor Euch eine sorgenfreie Zukunft, trotz dem aber seid Ihr offenbar trübe gestimmt und mißvergnügt. Weshalb?"

Xaramillo gab eine verneinde, oder ausweichende Antwort, der Rathsherr aber fuhr fort:

„Ihr könnt das nicht leugnen, und, was das Schlimmste ist, diese Euere Unzufriedenheit scheint sich von Tag zu Tag noch zu vermehren. Aber ich glaube den Grund zu errathen. Ihr sitzt den ganzen Tag zwischen Euren vier Pfählen, fast Nirgends mehr sieht man Euch in der letzten Zeit, Ihr kommt nicht an die frische Luft, und meidet die Menschen, und wer die Menschen flieht, wird ihnen Feind, und endlich sich selbst.“

„Mit wem soll ich verkehren?“ erwiderte Xaramillo, „nicht Alle sind so gütig wie Ihr, und wenn ich, in Euerer verwünschten Sprache nur ein einziges unrichtiges Wörtchen ausspreche, so lachen sie mir unverschämter Weise in's Angesicht. Das ärgert und verdrießt mich.“

Der Rathsherr Romberger war ein offenherziger, und deßhalb wohl ein zuverlässiger Freund. Er lächelte und sagte:

„Es kommen nicht selten wohl ein halbes Dutzend unrichtige Wörtchen bei Euch zum Vorscheine, aber was hat das auf sich? Lasset die einfältigen Menschen lachen, denn offenbar verstehen sie Euch so gut wie ich Euch verstehe, ihr Gelächter deutet nur ihre Ungeschliffenheit an, und wenn

Ihr gar nicht mehr unter die Leute kommt, so lernt Ihr unsere Sprache im Leben nicht."

Der Hauptmann machte Einwendungen, sein Freund aber ließ nicht nach.

Neben der obligaten Herrentrinkstube, welche in jeder Reichsstadt zu finden war, befand sich in der Stadt noch eine zweite, größere Weinstube, in welcher sich an gewissen Wochentagen angesehene Bürger zu versammeln pflegten, ein paar Tropfen Wein zu sich nahmen und kuriose und nützliche Gespräche führten. Dorthin sollte Xaramillo kommen, man wägt hinter der Weinkanne nicht jegliches Wort ab, und noch weniger wird dort die edle Grammatica exerciret.

Stets schien Xaramillo keine rechte Lust zu tragen, Romberger aber sagte:

„Alles Drehen und Wenden hilft Euch nicht, ich hole Euch in den nächsten Tagen ab, und der gelehrte Colerus wird sich herzlich freuen, wieder einmal Spanisch sprechen zu dürfen."

„Spanisch?" rief Xaramillo mit weit geöffneten Augen, „Spanisch? Wer spricht Spanisch hier in der Stadt?"

„Nun Colerus," versetzte der Rathsherr, „unser Colerus, ein hiesiges Stadtkind, der aber nicht nur ein Gelehrter ist, sondern auch ein Soldat, ein

Seefahrer, ein berühmter Reisender, kurz Alles, was Ihr wollt. Schon seit einer Woche ist er hierher zurückgehrt, da Ihr aber, wie ein Dachs zur Winterzeit, Eueren Bau nicht verlaßt, so nimmt es mich nicht Wunder, daß Ihr davon noch Nichts vernommen.

Colerus! Ein Mann, der Spanisch sprach, mit dem er sprechen konnte in den süßen Lauten seiner Muttersprache, der ihm erzählen konnte von den reizenden Gründen seiner Heimath! Er war bereits halb entschlossen, doch fragte er dem Raths=herrn:

„War der Mann in Spanien?"

„Und ob!" erwiderte dieser. „Ich glaube an die fünf Jahre, und erst gestern unterhielt er uns fast den ganzen Abend hindurch von den Helden=thaten Pizarro's, denn die erfährt man dort in erster Hand."

Das zog!

Pizarro, der zweite Cortez, machte eben zu jener Zeit ähnliche Geschäfte in Peru, wie der Letztere in Mexiko, und es war leicht erklärlich, daß Xaramillo an den Vorgängen in Peru den lebhaftesten Antheil nahm. Aber bei den Com=municationsmitteln jener Zeit kamen selbstverständ=

lich aus so fernem Lande nur spärliche, mangelhafte und höchst verspätete Nachrichten nach Deutschland.

Dieser Colerus indessen mußte in Spanien das Neueste und aus den besten Quellen erfahren haben.

Romberger las in den Blicken des Hauptmannes den Sieg, den er errungen hatte, und sagte einfach:

„Uebermorgen, um die sechste Abendstunde, komme ich Euch abzuholen."

Und da Xaramillo, wie in Gedanken versunken, nur zustimmend nickte, so war die Sache abgemacht.

Trommeln und Pfeifen ertönten in diesem Augenblicke, und die Stadtsoldaten, denen die Ablösung ihrer Kameraden auf dem Rathhause oblag, zogen mit steifen, gemessenen Schritten daher, und mit wohlgefälligen Blicken sah Xaramillo nieder auf die reisige Schaar, die nicht übel geschult war.

Es war doch wenigstens Etwas, das ihn an alte Zeiten erinnerte.

Dem Rathsherrn fiel aber jetzt bei, daß er, noch vor der zwölften Stunde, ein Geschäft auf dem Rathhause habe, er verabschiedete sich, und versprach übermorgen pünktlich zur Stelle zu sein, um seinen Freund Xaramillo mit dem berühmten Colerus bekannt zu machen, da wir aber sehr

wahrscheinlich dem in Aussicht gestellten vergnüg=
lichen Abende beiwohnen werden, so wollen wir
vorher ein wenig sehen, wer dieser Colerus eigent=
lich war.

Vor Allem, wie der Rathsherr berichtet hatte,
ein Stadtkind.

Aber bereits vor fünfzehn oder sechszehn Jahren
hatte er, noch als ein junger Mann, die Stadt
verlassen, wie ältere Leute wissen wollten, um
Mißhelligkeiten mit den Gerichten aus dem Wege
zu gehen, war dann eine Zeit lang verschollen,
später aber kamen vereinzelte Nachrichten über ihn
in die Heimath, und das zwar durch Kaufleute,
die zu jener Zeit noch weite Reisen machten, und
welche ihm an verschiedenen Orten begegnet sein
wollten.

Welche Geschäfte alle er draußen in der weiten
Welt betrieben, lag nicht klar vor, sicher aber war,
daß er weite Reisen gemacht, die See befahren
hatte und längere Zeit Soldat in verschiedenen
Diensten war.

Seine Gelehrsamkeit, deren Romberger erwähnte,
konnte vielleicht manchmal in Zweifel gezogen wer=
den, doch wußte er gut zu erzählen, noch besser
aber den Degen zu führen, wovon er auf dem

städtischen Fechthause schon mehrfache, überzeugende Proben abgelegt hatte.

Heimgekehrt war er, seiner Aussage nach, um sein väterliches Erbe in Empfang zu nehmen, und sein früheres bewegtes Leben mit einem ruhigen zu vertauschen, obgleich seine Art aufzutreten stets noch ein wenig rasch war, und in so ferne mangelhaft erschien gegen das solide und spießbürgerliche Benehmen der alten Reichsstädter, seiner zukünftigen Mitbürger.

Ueber einen großen Theil der alten, widerwärtigen Geschichten endlich, wegen welchen er früher verduftete, war jetzt wohl das Gras gewachsen, über noch kahle Stellen seines Vorlebens aber wollte ihm, wie man sich in die Ohren flüsterte, der Rathsher Romberger hinweg helfen, und war das richtig, so konnte sich die Sache wohl machen, denn der Betreffende war schlau und hatte eine starke Hand im Rathe.

Folgen wir ihm aber jetzt, während Xaramillo mit Vergnügen sich die städtische Soldateska betrachtete, und sehen, welche wichtigen Geschäfte er noch vor der zwölften Stunde abzumachen hatte.

Er eilte nicht allzu hastig nach dem Rathhause, sondern blieb, nachdem er die Thüre von Xaramillo's

Stube hinter sich geschlossen, einige Augenblicke
horchend stehen.

Es war ein großes, saalähnliches Gemach, in
welchem er sich befand, dessen Wände mit der
kunstreichsten Vertäfelung bekleidet waren, welche
die erste Renaissance geschaffen hatte. Eine Arbeit,
welche die Tischler, die sie fertigten, zu Künstlern
stempelte, die man zu jener Zeit hoch schätzte und
theuer bezahlte, welche man zweihundert Jahre
später duldete, nach weiteren hundert Jahren mit
Aexten zerschlug, spaltete und im Ofen verbrannte,
um die geschändeten Wände mit nichtswürdigen
Papiertapeten zu bekleben, in unserer Zeit aber die
Reste derselben, die blödsinniger Zerstörungswuth
entgangen, sorgfältig aufsucht und mit theuerem
Gelde bezahlt.

Der Rathsherr Romberger schien für die
Kunsterzeugnisse, welche seine Zeit geschaffen, keine
Augen zu haben, dagegen bessere Ohren, denn er
lächelte wohlgefällig, nachdem er einige Zeit hin=
durch gehorcht hatte, ging dann an der Hauptthüre
des Saales vorüber, und blieb einen Augenblick an
einer vollständig mit Vertäfelung bedeckten Stelle
der Wand stehen.

Dann drückte er, wohlerfahren in dem Hause
seines Freundes, auf einen kleinen, hervorstehenden,

aber kaum bemerkbaren Knopf an der Holzverklei-
dung und trat durch die geheime Thüre, welche sich
nun öffnete, in einen zweiten Raum, der seine
Ausschmückung unbedingt hundert Jahre früher erhalten hatte, als der Saal, den der Rathsherr so
eben verließ.

Es war ein langes, schmales Gelaß, welches
sein Licht durch ein einziges Fenster erhielt, das im
Rundbogenstyle construirt und mit kleinen, grünlich schillernden, sogenannten Butzenscheiben versehen
war. Die Decke bildete ein Kreuzgewölbe, und den
unteren Theile der Wände zierten in Wasserfarben
ausgeführte Gemälde, welche den ersten Decennien
des fünfzehnten Jahrhunderts angehören mochten.

Das Ganze hatte vielleicht früher als Haus-
kapelle gedient, gegenwärtig aber wurde der schmale
Raum einfach als Durchgang benutzt.

Auch ein ungeübtes Ohr hätte jetzt durch die,
der geheimen Thüre im Saale gegenüber liegenden
Thüre Stimmen, eine Frauen- und eine Kinder-
stimme, unterscheiden können, und nachdem der
Rathsherr leise angepocht hatte, trat er ein.

Donna Marina saß am Fenster des kleinen,
und weniger prunkvoll, als der Saal, vertäfelten
Gemaches. Sie war mit einer weiblichen Arbeit

beschäftigt, und zu ihren Füßen spielte der kleine,
nun vierjährige Rodrigo.

Offenbar erschrocken, oder doch wenigstens un=
angenehm überrascht blickte die junge Frau auf den
Eingetretenen, der dies indessen nicht zu bemerken
schien, sich nach der Sitte der Zeit tief verbeugte,
und in halb höflichem, halb vertraulichem Tone sagte:

„Ich konnte dieses Haus nicht verlassen, ohne
der liebreizendsten der Frauen meine Anhänglichkeit
und Verehrung zu bezeigen, und mein Herz an
ihrem holdseligen Anblicke zu erlaben!"*)

„Wo ist mein Mann?" versetzte Donna
Marina.

Unter verschiedenen Umständen wären diese
wenigen Worte ebenfalls sehr verschieden auszu=
legen gewesen.

Zum Beispiele:

„Ist mein Mann nicht zu Hause, weil Ihr mit
solcher Sicherheit bei mir eintretet? Oder:

Ihr seid doch sicher, daß mein Mann uns nicht
überrascht? Oder:

Ihr seid recht unvorsichtig, hier her zu kommen,
da mein Mann noch nicht ausgegangen.

---

*) Zehnmal schwülstiger pflegte man sich in jener
Zeit, und fast noch mehr später, auszudrücken, und das
vorzugsweise bei Liebeshändeln und verwandten Dingen.

Das essigsaure Gesicht von Xaramillo's Gattin
ließ die Worte etwa übersetzen:

Ihr seid höchst unverschämt, ohne meinen Mann
zu mir zu kommen!

Romberger schien aber einen solchen Sinn nicht
anzunehmen, sondern antwortete:

„Der tapfere Hauptmann sitzt am Fenster seiner
Stube, und bewundert die kriegerische Haltung
unserer Stadtsoldaten, welche so eben dort vorüber
ziehen."

Es lag ein leiser Anflug von Spott in diesen
Worten, und Donna Marina sah den Sprechenden
unwillig, und mit in Falten gelegter Stirne an,
dieser aber zog eine Düte mit Rosinen und Mandeln aus der Tasche, und reichte dieselbe, mit einigen Schmeichelworten, dem kleinen Rodrigo, indem
er gleichzeitig seine blühende Wange streichelte.

Man hat häufig von dem Instinkte der Kinder
gesprochen, mit welchem sie sofort feindliche Elemente
erkennen sollen. Es ist aber in Wirklichkeit nicht so
gefährlich damit.

Ein paar Biskuite, ein Törtchen, ein Stück
Kuchen, oder sonst etwas Gebackenes verscheuchen
gründlich diesen berühmten Instinkt, und auch bei
dem kleinen Rodrigo war das offenbar der Fall,
denn er blickte dankbar zu dem Geber auf, und

setzte sich in eine Ecke, um sofort den Inhalt der Düte zu genießen.

Romberger aber trat jetzt näher zu Donna Marina und sagte flüsternd:

„Und wollt Ihr nie aufhören die Grausame gegen mich zu spielen? Wollt Ihr niemals, mit einem einzigen Wörtchen, die glühende Liebe belohnen, welche mein Herz für Euch, schönste der Frauen, empfindet?“

„Und schämt Ihr Euch nicht,“ entgegnete Donna Marina, „schämt Ihr Euch nicht, in Gegenwart dieses unschuldigen Kindes, solche Worte zu mir, zu seiner Mutter, zu sprechen?“

„Das liebe, unschuldige Kind,“ versetzte der Rathsherr, „sitzt dort auf der Diele, kaut Rosinen und knuspert Mandeln, von dem aber was wir sprechen, hört es keine Sylbe.“

„So hört Gott dort oben Euere sündhaften Worte,“ sagte Donna Marina.

Der Rathsherr blickte nach der Decke.

„Möglich,“ sagte er dann, „aber ich hoffe, er wird die reine und glühende Liebe, welche ich für Euch hege, mir nicht schlimm deuten.“

„Aber mein Mann wird es übel deuten,“ er=

widerte die junge Frau, „wenn Ihr mich zwingt, ihm endlich zu klagen, mit welchen schändlichen An= trägen Ihr mich stets verfolgt."

Die Röthe des Unwillens drang bei diesen Worten auf ihre Wangen, und Romberger verstummte einige Augenblicke, dann sagte er ernsthaft:

„Wißt Ihr was, liebwertheste und schönste Frau, sendet den kleinen Rodrigo, das liebe Kind, zu seinem Vater, damit er hierher kommen möge, wenn er sich satt gesehen an den Herrlichkeiten unseres Marktes."

Nur mit Mühe konnte Donna Marina ein leises Lächeln bergen, welches sich bei diesen Worten ihres ungebetenen Besuches über ihre Züge stehlen wollte, dann aber sagte sie, mit möglichstem Ernste:

„Wenn ich es genau überlege, edler Herr Rom= berger, so ist es wohl besser, wenn ich selbst zu meinem Manne gehe, als daß ich den Knaben schicke."

Sie machte bei diesen Worten Miene sich zu erheben, aber Romberger trat zurück:

„Gebt Euch keine Mühe," sagte er, „ich gehe schon, und komme einmal wieder, wenn Ihr bei besserer Laune seid."

„Stets," erwiderte Donna Marina, „werdet Ihr mich gelaunt wie heute finden."

14*

Der Rathsherr verbeugte sich, und das zwar
etwas steifer und förmlicher, als bei seinem Eintritte.

Als er hierauf, durch eine andere Thüre sich
entfernend, die Treppe hinab schritt, sagte er zu
sich selbst:

„Warte nur, landstreicherische Abenteuerin, und
wenn ich nicht zu Dir komme, kömmst Du zu mir!"

Es war nicht möglich, einen anderen Weg zu
nehmen, als an dem Fenster vorüber, von welchem
aus Xaramillo auf den Markt hinab blickte, und
als dieser jetzt den Rathsherrn aus seinem Hause
treten sah, rief er ihm verwundert zu:

„Was tausend, theuerer Freund, wo habt Ihr
so lange gesteckt?"

„Es hätte mir das Herz abgedrückt," gab Romberger zur Antwort, „wenn ich Eueren kleinen Rodrigo nicht wenigstens ein paar Augenblicke hätte
sehen können."

Fast unerhört war es für einen sonst so stolz
und würdevolle einherschreitenden Herrn des Rathes,
von der Straße aus, wie ein anderes gewöhnliches
Menschenkind, hinauf zu einem Fenster zu sprechen,
und mit einem Bekannten zu plaudern.

Was thut man aber nicht einem guten
Freunde zu lieb, und besonders wenn man be-

absichtigt, in der Folge dessen „Hausfreund" zu werden?

Den Hauptmann Xaramillo aber überkam es fast wie eine Art von Rührung, und er sagte zu sich selbst:

„Dieser Romberger ist ein guter Mensch, denn wer die Kinder liebt, hat kein schlimmes Herz."

Kapitel VIII.

Sehr schön zu lesen. Vom berühmten Reisenden Colerus, vom merkwürdigen Thiere Rhinocerus, von stillem Frieden in der Weinstube, und von einem vortrefflichen Degenstoße. Ferner: wie Jaramillo aufgehängt werden soll, und wie das seiner Frau gar nicht gleichgültig, und dann von einer Sache, von welcher Keiner nicht weiß, wie selbige ausgeht.

Der Rathsherr Romberger hatte nicht allein ein gutes Herz, sondern er war auch ein Mann von Wort.

Am bestimmten Tage, und zur festgesetzten Stunde, fand er sich bei Jaramillo ein, diesen in die bereits erwähnte Weinstube abzuholen, und ihn dort mit dem berühmten Colerus bekannt zu machen, und der Rathsherr erkannte auf den ersten Blick, daß die Luft noch rein, das heißt, daß Donna Marina, wohl um Hader zu vermeiden, ihrem Gemahle gewisse Andeutungen noch nicht gemacht habe.

Das stimmte den gutherzigen Romberger fröhlich und heiter, und, sich gemüthlich unterhaltend, schritten Beide der Weinstube zu, welche für ihre Zeit so

elegant eingerichtet war, als heute ein ähnliches
Etablissement mit rothen und goldenen Tapeten, einem
Sopha und gepolsterten Stühlen, mit Oelfarben=
drucken in prachtvollen Goldrahmen, mit glänzende
Gasbeleuchtung, vielleicht selbst mit einem Flügel,
und (natürlich wieder vielleicht) mit Rothwein, der
durch Heidelbeeren gefärbt, mit Weißwein, der ohne
Trauben bereitet worden, oder vom Krätzer zur
feinsten, reinsten Sorte durch allerlei Essenzen „ver=
edelt" wurde.

Wir finden Xaramillo und den Rathsherrn in
einer ziemlich großen, wieder mit braunem Holze
vertäfelten Stube. Die geschlossenen Fenster, be=
stehend aus den bekannten, kleinen runden Scheiben,
waren theilweise mit Glasbildern verziert, die reizende,
bunte Schatten auf den Estrich warfen, aus welchem
der Fußboden bestand, durch die, mit Weinlaub
umrankten, geöffneten Fenster aber warf die Abend=
sonne ihre goldenen Strahlen in die Stube, und
gleichzeitig sah man außen die hohen Giebel einiger
Häuser, und die schlanken, himmelanstrebenden gothi=
schen Thürme der Hauptkirche in ihrem Lichte er=
glänzen.

Drinnen aber, in der Stube, treffen wir statt
des Sophas rings an den Wänden fortlaufende,
kunstreich geschnittene Bänke von dunklem Holze,

und Stühle aus demselben Materiale, wieder mit
sauber geschnitzten Lehnen.

Endlich schwere Tische von Eichenholz, welche
glänzend blank gescheuert waren, und auf diesen
endlich den Wein in mancherlei Gefäßen, wie es
eben die Sorte, oder der Geschmack der Gäste mit
sich brachte: Grünlich schimmernde Römer, einfach
geformte Kelchgläser, deren Leichtigkeit aber auf ihre
venetische Abkunft hindeutete, schwere Gläser mit
eingeschnittenem Bildwerke, kleinere blaue und graue,
reich mit Wappen verzierte Thonkrüge, und endlich
vielleicht auch noch ein kleineres, sogenanntes Apostel=
krüglein.

Der Rathsherr Romberger hatte eine silberne
Deckelkanne vor sich stehen, und mehrere der Gäste,
deren Trinkgefäße keine Deckel hatten, bedeckten die=
selben mit einem dünn geschnittenen Stücklein Roggen=
brodes, welches sie, ehe sie schieden, verspeisten.

Letzteres, damit die Gottesgabe nicht verloren
gehe, denn es ist eine alte Geschichte, daß der Teufel
unnütz verzetteltes Brod, in einem Säcklein sam=
melt, und seiner Zeit, bei der großen Abrechnung,
auf die Wagschaale zu unseren Sünden legt.

Ersteres aber, damit der edle Weinduft nicht
allzu rasch verfliege.

Dennoch aber durchduftete ein würziger Geruch

das Gemach, jener Geruch, den die ächte Weinblume ausströmt, gehört der Wein selbst auch nicht zu den kostbarsten Sorten.

Die, als der Rathsherr und Xaramillo eintraten, bereits anwesenden Gäste bestanden aus angesehenen und anständigen Bürgern, welche hier, vor dem Abendimbiß, in Frieden und Ruhe ihr Töpflein zu sich nahmen, wenig sprachen, noch weniger politisirten, und nachdem Romberger sich eingefunden hatte, erst recht nicht.

Bald darauf erschien auch Colerus, und Romberger machte Beide mit ziemlich kurzen Worten bekannt:

„Herr Colerus, von dem ich Euch bereits erzählte."

„Herr Hauptmann Xaramillo!"

Auch jetzt noch wurde das Gespräch nur wenig belebter.

Es hatte den Anschein, als wollten die beiden, erst neu sich Vorgestellten zuvor ihre geistigen Fühlfäden ausstrecken, um sich gegenseitig kennen zu lernen.

Die erste Wahrnehmung, welche Xaramillo an dem vielgereisten Colerus machte, war die, daß er in den fremden Landschaften, so er durchzogen, zu-

verlässig wenigstens einer deutschen, althergebrachten
Sitte treu geblieben, dem Trinken.

Er trank mit tiefen, langen Zügen, mit ersicht=
lichem Behagen, und es schien ihm auch solch' guter,
frischer Trunk gut bekommen zu haben, denn seine
Wange war voll und geröthet, sein Körperbau
stark und kräftig, und obgleich er wohl in gleichem Alter
wie Xaramillo sein mochte, zeigte sein dunkelblondes
Haupthaar und der starke Bart, doch noch nicht
ein einziges graues Haar.

Mit der Zahl der Kannen, welche Colerus zu
sich nahm, steigerte sich nun seine Gesprächigkeit,
und wohlgefällig horchten die anwesenden Bürger
den Worten des Vielgereisten, obgleich sich die Zahl
der Gäste allmälig minderte, indem geräuschlos sich
einer und der andere entfernte.

Der größte Theil derselben aber verschwand,
als der Thürmer vom nächsten Thurme herab die
siebente Stunde anschlug, und es gingen die wacke=
ren Männer großentheils mit hastigen Schritten,
da zu Hause die Ehefrau mit dem warmen Süpp=
lein wartete, und kalte Suppen und scheltende
Weiber sind gar ungesunde Dinge.

Nur einige arme Teufel, denen Gottes Barm=
herzigkeit bis jetzt noch keine liebe Frau gegeben,
verblieben und horchten mit Aufmerksamkeit dem

erzählenden Colerus zu, der nun stets lebhafter zu
sprechen begann.

Und in der That brachte er Wunderdinge zum
Vorscheine.

Auf Elephanten war er geritten, und das wunder=
bare Thier, Rhinocerus genannt, hatte er eigen=
händig erlegt. Selbiges war in Deutschland nimmer
gesehen worden, denn Anno 1513 war eines aus
dem Lande India nach Portugallien gebracht,*) von
dem dortigen Könige Emanuel aber dem Pabste
als ein Präsent verehrt worden, ersoff aber elen=
diglich an der Küste von Genua, weil das Schiff,
auf dem es befindlich, scheiterte.

---

*) „Nach Christi geburt, 1513 Jahr, Adi 1. May, hat
man dem groß mächtigen König Emanuel von Portugal,
gen Lysabona aus India pracht, ein solch lebendig Thier
das nennen sie Rhinocerus, das ist hie mit all sein ge=
stalt abconterfeit. Es hat eine farb wie ein gesprenkelte
Schildkret, und ist von dicken schalen überlegt sehr fest.
Und ist in der größ als der Helffandt, aber nidrichter von
bahnen, und sehr wehrhaftig. Es hat ein scharpf stark
Horn vorn auf der Nasen, das begunt er zu wetzen, da
er bey stahnen ist. Das dosig Thier ist, das Helffandt
Todt seyndt. Der Helffandt fürcht es fast übel, dann wo
es Ihn ankommt so lauft Ihn das Thier mit den Kopf
zwischen die fordern bahn, und reyst den Helffandten unten
am bauch auf und erwürgt ihn, das mag er sich nit er=

Die Verwunderung der Gäste war eine unge=
heuere und ungetheilte, keiner derselben war un=
bescheiden genug zu fragen, auf welche Weise er
ein solches mächtiges Thier gefällt habe, und man
fand es ganz in der Ordnung, daß Colerus jetzt
von den Tigern und Löwen, welche er zu Dutzen=
den erlegt hatte, gewissermaßen nur en Bagtelle
sprach.

Mancherlei aber mußte der Rathsherr Rom=
berger bereits gehört haben von den Abenteueren
des Colerus, denn er unterbrach ihn bisweilen, in=
dem er sagte:

„Erzählt jetzt einmal Das,“ oder: „Wie war
es denn nur gleich da, oder dort?“

Willig erfüllte der Gebetene die Wünsche seines
Gönners, und als er jetzt erzählte, wie er bei den

------

wehren. Denn das Thier ist also gewapnet, das ihm der
Helffandt nichts thun kann. Sie sagen auch, daß der Rhi=
nocerus schnell freybig und Listig sey.“
Also ist die Beschreibung des „Rhinocerus“, wie sie
1515 Albrecht Dürer auf einem, jetzt sehr seltenen, Holz=
schnitte giebt. Die Zeichnung des Blattes ist indessen un=
richtig, und sicher hat Dürer das Thier niemals gesehen.
Wir aber wagten, die Worte des großen Meisters anzu=
führen, da wir die Ueberzeugung haben, daß sich unsere
geehrten Leser nicht minder für die damalige Ansicht über
„den Rhinocerus“ interessiren, als die Zuhörer des Colerus.

Menschenfressern gewesen, und nicht undeutlich durch=
blicken ließ, daß er „mitgehalten" bei ihren Gast=
mahlen, schüttelten sich die Anwesenden aus Abscheu
und Entsetzen. Xaramillo aber lächelte wohlge=
fällig, um anzudeuten, daß dergleichen Verköstigung
ihm nichts Neues, und daß er da wohl auch ein
Wort mit darein sprechen könne, obgleich das nicht
recht thunlich schien, da Colerus' Redefluß ein un=
erschöpflicher war.

Ohne Zweifel aber erinnerte sich jetzt Rom=
berger, daß er dem Hauptmanne versprochen hatte,
ihm Neuigkeiten von den Unternehmungen Pizarro's
hören zu lassen, und er sagte deßhalb jetzt zu Colerus:

„Könnt Ihr uns Nichts erzählen von den Er=
oberungen, welche Francisko Pizarro in dem neu
entdeckten Lande Peru gemacht hat? Ihr kommt
ja doch direkt aus Spanien!"

Xaramillo aber schlug zwei Fliegen mit einer
Klappe, denn er bat in spanischer Sprache Colerus
um das Gleiche, in der Hoffnung, daß dieser ihm
also antworten werde, und ihm, auf solche Art, das
doppelte Vergnügen werden würde, von Pizarro zu
hören, dessen Thaten so viele Aehnlichkeit mit denen
seines alten Feldherrn Cortez hatten, und seine
Muttersprache zu hören und sprechen zu dürfen.

Bereitwillig ging Colerus auf Beides ein, und

nun wurde es erst recht traulich und gemüthlich in
der Weinstube.

Längst war es draußen dunkel geworden, aber
in der milden Nacht hatte man das Fenster nicht
geschlossen, und nun blickte, zwischen den beiden
Thürmen der Kirche hindurch, der Mond friedlich
durch das geöffnete Fenster in die Stube zu den Zechen=
den, ließ die geschlossenen Scheiben wunderbar er=
glänzen und funkeln, und war nicht neidisch auf
das mehr rauchende als strahlende Licht der Oellampe,
welche zwischen den gefüllten Gläsern der friedlich
Trinkenden stand.

Friede, Friede also allenthalben, draußen in der
Natur, und drinnen, in der Stube, bei den guten
Menschen, die sich so freundschaftlich besprachen.

Denn jetzt begann Colerus von Pizarro zu er=
zählen, der es vom Schweinehüten bis zur Stellung
eines der berühmtesten Feldherrn gebracht.

Wie er als Soldat die Kriege auf Cuba und
Hispaniola mit gefochten, mit Ojeda nach dem
Meerbusen von Darien gezogen sei, und Balbona,
auf seinem Zuge durch den Isthmus der Südsee,
begleitet habe, und dann, schon Offizier geworden,
sich mit Diego von Almayro nach Panama be=
geben habe.

Dann erzählte er, daß Zwistigkeiten ausgebrochen

zwischen Pizarro und den anderen Anführern, und daß er endlich, obgleich mit geringen Mitteln versehen, es dennoch möglich zu machen wußte nach Spanien zu reisen, und bis zu Carl V. zu bringen, von dem er die Erlaubniß Peru zu erobern, und gleichzeitig den Titel eines General = Kapitäns erhielt.

„Er," sagte Colerus, „der nicht schreiben, nicht lesen konnte, und nur durch heldenmüthige Thatkraft, Ausdauer und ein bewunderungswürdiges Talent es so weit bringen konnte."

Dann sprach Colerus weiter von Streifzügen, welche Pizarro mit seinen drei Brüdern an der Westküste von Südamerika unternommen hatte, und schloß endlich mit seiner Landung in der Bai von San=Matteo, welche er mit drei Schiffen und 148 Soldaten und 37 Reitern zu Stande brachte.

Freilich war manche von diesen und anderen Dingen, die Colerus zum Besten gab, bereits vor mehreren Jahren geschehen, doch aber war Xaramillo Vielerlei neu, er lauschte den Worten des Erzählers mit gespannter Aufmerksamkeit, und während er seiner eigenen Eroberungs=Züge in Neuspanien gedachte, ging ihm das Herz auf, und mit behaglichen Zügen genoß er den sonst geschmähten deutschen

Wein. Dann aber, und als Colerus eine Pause
machte, begann er von seinen Erlebnissen in Mexiko
zu sprechen, und erwähnte, fast mit einem Anfluge
von Rührung, seines alten Feldherrn Cortez.

Colerus schwieg, nachdem Xaramillo geendet hatte,
einige Augenblicke, dann verzog er mit einem fast
spöttischen Ausdrucke seine Miene, und sagte gering-
schätzig:

„Ihr hängt ja recht an diesem Marques del
Valle!"

Offenbar beachtete der Hauptmann den Ton
nicht, in welchem diese Worte gesprochen wurden,
denn eifrig, aber gutmüthig erwiderte er:

„Freilich, freilich, er führte uns ja zu Kampf
und Sieg, und war unser Aller Wohlthäter!"

„Ja, das verstand er," entgegnete Colerus,
„und warum sollte kein Bröcklein für die Hunde
abfallen, wenn der Herr satt ist."

Xaramillo glaubte nicht recht verstanden zu haben,
und blickte fragend nach dem Sprechenden.

„Nun," sagte dieser, „seid Ihr so hart von
Begriff? Ich meine, daß dieser Euer berühmter Cortez
den Kaiser wacker bestahl und betrog, und wenn
seine Taschen voll waren, Euch, den sogenannten
Eroberern, den Rest hinwarf. Denkt nur an die

noche triste,*) in welcher Ihr sammt und sonders
so wacker Fersengeld geben mußtet."

Xaramillo traute seinen Ohren nicht, diese Ver-
änderung im Benehmen des vorher noch so höflichen Colerus war allzu plötzlich.

Er blickte nach Romberger, aber dessen Platz
war leer.

Der edle Rathsherr hatte sich unbemerkt zu
entfernen gewußt.

„Herr!" rief jetzt Xaramillo, „was fällt Euch
ein! Wie mögt Ihr also sprechen, mir gegenüber?"

„Euch gegenüber," versetzte Colerus verächtlich,
„Euch! Ich hörte in Spanien von noch ganz anderen Dingen sprechen, die sie Euch, dem räu-
berischen Abenteurer sagten!"

Der Zweikampf war zu jener Zeit noch nicht
in die geregelten Formen gebracht, wie das später
geschah, und deßhalb ereignete sich nun Folgendes:

Xaramillo führte mit Blitzesschnelle einen schal-
lenden Schlag nach der Wange des ihm gegenüber
sitzenden Colerus, und sprang dann eben so behende
auf, den Degen ziehend, und in Fechterstellung den

---

*) Allerdings warfen die Feinde des Cortez dem-
selben mehrfach einigermaßen ungerechte Theilungen vor.
Was in dieser Beziehung in der noche triste geschah, ist
vielleicht noch am meisten zu rechtfertigen.

Angriff seines Gegners zu erwarten, welcher auch
im nächsten Augenblick erfolgte.

Es war eine, für den Zweikampf wenigstens,
heute zu Tage verschollene Fechtweise, in welcher
man sich jenesmal schlug, nämlich auf Hieb und
Stoß zugleich, aber trotz der großen Proben seiner
Geschicklichkeit in eben dieser Fechtart, welche Colerus
auf dem städtischen Fechthause abgelegt hatte, ge=
lang es ihm dennoch nicht, seinem Gegner nur die
kleinste Schramme beizubringen.

Es setzte überhaupt gar keine kleinen Schram=
men, sondern nach einer kurzen Anzahl von gewechsel=
ten Hieben und Stößen saß der Degen des langen,
mageren Hauptmanns Xaramillo tief in der Brust
des aus der Fremde in seine Vaterstadt heimgekehr=
ten Colerus.

Der Stoß war vollkommen regelrecht geführt,
gut gemeint, und der Getroffene stürzte, mit schwerem
Falle, nieder auf den Estrich.

Was die noch anwesenden Junggesellen betraf,
welche nicht zur Suppe nach Hause gegangen waren,
so verstand keiner derselben ein Wort Spanisch. Sie
waren indessen geblieben, vielleicht eben weil es
ihnen Vergnügen machte, so lebhaft in der ihnen
fremden Sprache sprechen zu hören, vielleicht weil
sie hofften, daß man später wieder Deutsch sprechen

werde, vielleicht aber auch), weil sie einmal ange=
fangen hatten zu trinken, und weil man nicht so
rasch wieder aufgeben soll, was man einmal be=
gonnen.

Unter allen Umständen aber hatte Keiner von
ihnen eine Sylbe von dem beginnenden Wort=
wechsel verstanden, und vielleicht war nur Einem
oder dem Anderen der veränderte Ton der Stimme
auffällig, mit welchem die letzten Worte gesprochen
wurden.

Mehr Klarheit kam in die Sache, nachdem die
Degen blitzten, da aber dergleichen Vorfälle nicht
allzu selten, so erhob man keinen unnöthigen Lärmen,
sondern machte sich nach Kräften nützlich.

Einer nahm die Lampe vom Tische, und hielt
sie in die Höhe, um den Fechtenden zu leuchten,
die Andern stellten rasch die Stühle zu Seite,
um Raum zu schaffen für den Kampf, und dann
verfolgte man mit Aufmerksamkeit dessen Verlauf.

Als aber Colerus zu Boden gestürzt war, wischte
Xaramillo den blutigen Degen am Aermel seines
Wamses rein, und steckte ihn in die Scheide, dann
legte er ein Goldstück auf den Tisch, und verließ
hierauf langsamen Schrittes und stolz, wie man den
Spanier zu lieben pflegt, die Stube, und Niemand
machte Miene ihm Etwas in den Weg zu legen.

Später freilich!

Ehe wir aber dem Verlaufe unserer Geschichte
folgen, müssen wir bekennen, daß es uns nicht ge=
nau bekannt, ob Romberger das Zusammentreffen
Colerus und Xaramillo's in böslicher Absicht herbei
führte, um etwa Xaramillo für einige Zeit, oder
vielleicht selbst für immer zu entfernen, und daß
wir ferner nicht einmal wissen, ob er Colerus den
Auftrag gab mit Xaramillo anzubinden, oder ob
dieser vielleicht ohnedem die liebenswürdige Eigen=
schaft besaß, Streit zu beginnen, wenn er seinen
Mantel zu tief in das Blut der Rebe getaucht hatte.

Nachdem aber das Unglück einmal geschehen,
benahm er sich so aufrichtig und zuverlässig, wie
solches einem ächten Hausfreunde wohlanständig.

Wir finden ihn einige Tage nach dem so schlimm
ausgegangenen Raufhandel in Xaramillo's Hause,
bei Donna Marina, und wie es den Anschein hatte,
war dieser Besuch nicht der erste nach dem unglück=
lichen Vorfalle.

Belauschen wir ein wenig das Gespräche der
Beiden, welches indessen bereits einige Zeit begon=
nen hatte.

„Wenn Ihr wirklich so lebhaften Antheil an
meinem Geschicke nehmt," sagte Donna Marina,

„so beweist es durch die That. Wirkt günstig für meinen Mann, gebt ihm die Freiheit wieder!"

Romberger zog die Schulter:

„Das steht nicht in meiner Macht."

„Es ist schändlich," rief Donna Marina, „ab= scheulich, was konnte er anders thun als den Degen ziehen gegen jenen Mann, der ihn mit Vorbedacht reizte, und ihm die empörendsten Beleidigungen in's Antlitz schleuderte?"

Der Rathsherr machte eine Miene des Be= dauerns.

„Leider," sagte er, „haben wir hiefür einzig die Aussage des Thäters, denn ich selbst, nicht gewohnt bis tief in die Nacht zu zechen, hatte längst die Weinstube verlassen, von den noch Anwesenden aber verstand Keiner ein Wort Spanisch."

„Oh," rief Donna Marina, „sie werden doch wahrlich am Tone der Stimme unterschieden haben, von Wem der Streit ausging!"

„Ja," entgegnete Romberger trocken, „einstim= mig sagten sie aus, daß Euer Mann plötzlich Colerus einen Backenstreich versetzte, dann aufsprang und zuerst den Degen zog."

Das war allerdings richtig, man sah nur die Folgen der Beleidigung, diese selbst aber hörte, oder

verstand keiner der noch übrigen Gäste, und Donna
Marina sah es wohl selbst ein.

„Rettet, helft meinem Manne," rief sie jetzt in
Verzweiflung, „er soll, er darf nicht sterben."

„Es geht nicht so rasch," erwiderte der Raths=
herr mit außerordentlicher Gelassenheit. „Heute
früh rief Gott der Herr den armen Colerus zu sich
in sein Himmelreich, übermorgen wird er dem
Schoße der Erde zurückgegeben, und ehe drei Tage
verflossen sind nach dem Begräbnisse des Erschla=
genen hängt man, in hiesiger Stadt, keinen Todt=
schläger. Man hat Beispiele, daß Hinrichtungen
selbst noch längere Zeit aufgeschoben wurden."

Die Unterwürfigkeit der Indianerin erwachte
in der armen Frau.

Sie warf sich nieder auf die Erde, umschlang
die Knieen des Rathsherrn, und wiederholte flehend
und seufzend ihre Bitte.

„Ich bin nicht Herr über Leben und Tod,"
sagte Romberger.

„Verhelft ihm zur Flucht," rief Donna Marina
unter Thränen, und stets seine Kniee umfassend.

Sie war in der That ein reizendes Weib, und
wie es schien, verschönerte der Kummer und die
Aufregung, in welcher sie sich befand, die Unglück=
liche noch in den Augen Rombergers.

Er sah mit sonderbaren Blicken nieder auf die Jammernde:

„Flucht," sagte er dann, „Flucht! und wenn ich es möglich machen könnte, was ist der Preis?"

Donna Marina sprang auf, glücklich, freude=strahlend, dann sagte sie mit gedämpfter Stimme:

„Wir sind nicht arm, Sennor, ich habe Ju=welen und Gold, Alles, Alles soll Euer sein, wenn Ihr meine Bitte erfüllt, wenn Ihr ihn rettet, nur Eines nicht," setzte sie zögernd hinzu.

„Was ist das?" fragte neugierig der Rathsherr.

„Ein wenig werthvoller Dolch," entgegnete Donna Marina, „den ich aber hoch halte, weil ich — weil er ein Andenken an mir theuere Personen in meinem Vaterlande ist."

„Behaltet Euer Juwelen," versetzte jetzt Rom=berger mit fast verächtlichem Tone, „behaltet Euer Gold und Eueren Dolch, denn ich will nur Euch!"

Die arme Frau rang weinend die Hände, aber so wie sie vorhin, als sie ihm Schätze anbot, flüsternd gesprochen hatte, sprach auch er jetzt, mit gedämpf=ter Stimme, schmeichelnde und schlimme Worte.

„Hört mich an," sagte er, „und seid vernünftig. Ihr wißt, daß ich Euch liebe, und Ihr hättet es errathen müssen, hätte ich es Euch auch nicht wohl schon hundertmal gesagt.

„Ihr wißt auch, daß ich nicht arm bin, unbe=
weibt, und ein angesehener Mann hier in der Stadt.
Werdet mein Weib, und überlaßt jenen spanischen
Mörder seinem Sickfale. Man hat ihn, ich weiß
das aus guter Quelle, Euch zum Manne gegeben,
ohne Euch zu fragen, wohl bindet nur die Pflicht
und nicht die Liebe Euch an ihn, verlaßt ihn jetzt,
ohne ihn zu fragen, und gehört mir an, der ich
Euch liebe und anbete.‟

Dunkle Gluth färbte die Wangen Donna Marina’s,
aber sie bezwang sich und schüttelte nur schweigend
und verneinend das Haupt.

Kämpfte sie vielleicht mit sich selbst?

Romberger hielt das für nicht vollständig un=
möglich. Sein Antrag war reell, ungeheuer reell,
zwar gewissermaßen ein wenig perfid, aber man
muß, will man seine Zwecke erreichen, nicht alle
Dinge allzu genau nehmen.

Nach kurzem Ueberlegen machte er ihr nun
einen Vorschlag, der zwar etwas weniger reell war,
immer aber seine guten Seiten zu haben schien.

„Wenn Euer Herz,‟ sagte er, „wirklich so außer=
ordentlich an jenem langen, hageren Menschen hängt,
so ließe es sich vielleicht einrichten, die Hinrichtung
zu verzögern, und ihn endlich entwischen zu lassen.

„Aber ich gebe, als Euer treuester Freund, Euch

zu bedenken, welche Beschwerlichkeiten und Gefahren Euch bevorstehen, wenn Ihr ihn auf seiner Flucht begleiten wollt.

„Wenn es also, wie ich nicht zweifle, gelingt ihn fliehen zu lassen, so laßt Ihr ihn ziehen, und bleibt so lange hier, bis er Euch Nachricht zukommen läßt, daß er geborgen, bis dorthin aber und von dem Tage an, in welchem er aus dem Kerker entkommen — — seid Ihr meine liebe, gute Marina, die nicht mehr so spröde, wie bisher.“

Donna Marina blickte nach dem Rathsherrn, mit Augen, wie sie ihn noch niemals angesehen.

„Ist es wirklich Euer Ernst, mich zu Euerer ehelichen Hausfrau zu machen?“ sagte sie dann mit einem Tone ihrer Stimme, der dem Rathsherrn das Herz erpochen ließ.

Endlich! Nun ja, diese berühmte Tugendheldin war wie die andern Weiber auch, nur vielleicht ein wenig mehr eigensinnig als viele der anderen!

Aber er bezwang den Sturm, welcher in seinem Innern tobte, und erwiderte sanft und zärtlich:

„Und Ihr konntet Zweifel hegen, Marina?“

Sie senkte einen Augenblick die Augen zu Boden, dann sagte sie kokett:

„Ihr Männer seid blind mit offenen Augen! Doch aber bin ich keine so leichte Beute, und stelle meine Bedingungen. Ihr müßt mir zehn Tage Bedenkzeit gewähren, und während dieser Zeit dürft Ihr mich nicht besuchen, damit ich ungestört meinen Gedanken nachhängen kann.

„Dann soll Xaramillo, der arme Teufel, nicht sterben, wenigstens nicht vor diesen zehn Tagen, und dann könnt Ihr ihn vielleicht doch wohl entwischen lassen. Er wird schwerlich Lust haben, wiederzukehren."

„Und dann?" sagte Romberger.

Sie erwiederte Nichts, aber Purpurgluth färbte ihre Wangen, während sie ihm schweigend die Hand reichte.

Er verstand.

„Einen Kuß," sagte er, indem er die Arme ausbreitete, „einen Kuß, er möge unsern Pakt besiegeln."

Sie gab keine Antwort, aber sie ließ es geschehen, daß er sie umarmte und küßte.

Warum denn das nicht!

Dann drängte sie ihn, mit sogenannter sanfter Gewalt, von sich und bat ihn, sie nun zu verlassen.

„Unsere zehn Tage beginnen mit dieser Stunde," sagte sie mit reizendem Lächeln.

Er ging, und da er, wie alle Richter und verwandte Persönlichkeiten, die Menschen kannte, speciell aber, wegen mancher Praxis, auch die Frauen, so führte er jetzt folgendes Selbstgespräch:

„Sie sind Alle aus einem Teige geknetet, von der Apfel beißenden Stammmutter an, bis auf diese Marina. Hängt man den rechten Köder an die Angel, fängt man sie Alle.

„Mein Köder war diesmal mein Eheversprechen, und wer weiß, was ich thue, denn Vermögen ist da, das ist sicher.

„Was die zehn Tage Bedenkzeit betrifft, so ist das nichts weiter als ein Kniff, um mich noch ver- liebter zu machen, und eine rechtschaffene und ge- riebene Heuchlerin ist sie auch, denn das Rothwerden hat sie am Schnürchen. Wir kennen Dergleichen.

„Das Einzige, wobei ich mich ein wenig bla- mirt habe, ist, daß ich ihre versteckten Liebeswinke bisher nicht bemerkte, denn es muß so sein, da sie sagte, wir Männer seien blind bei offenen Augen. Gott soll mich aber strafen, wenn ich zwischen den Grobheiten, die sie mir stets machte, irgend etwas Zärtliches herausfand.

„Geradezu unverschämt ist es aber von ihr, daß sie mir ihren lieben Xaramillo fast bedingungslos zur Disposition stellte, ob ich ihn hängen, oder davon laufen lassen will.

„„Sterben soll er nicht, wenigstens nicht vor diesen zehn Tagen!““ Wenigstens! wie schamlos! Wiederum sind sie aber Alle so. Haben sie einen anderen Liebhaber, so wünschen sie den vorigen zu allen Teufeln.“

Und während der Rathsherr Romberger jetzt seinen Weg fortsetzte, überlegte er bei sich, was das Zweckmäßigste bezüglich Xaramillo's nach Verlauf der zehn Tage wäre, Hängen oder Laufenlassen, und mehr und mehr räthlich erschien ihm das Erstere. — —

Unter den wenigen näheren Bekannten, mit welchen Donna Marina in der Stadt verkehrte, war ihr die Wittwe eines, in Wien während der Belagerung Suleimans, gefallenen Offiziers zur wahren Freundin geworden.

Auch diese Frau, Barbara Sellner geheißen, hatte ein bewegtes Leben geführt, und sowohl manche Aehnlichkeit in ihren Schicksalen, als auch gleiche Gesinnung verband innig beide Frauen.

Lebhafter noch als früher gestaltete sich in den ersten Tagen der von Marina ausbedungenen Prüfungszeit dieser Verkehr, und wurde dem Anscheine nach großentheils vermittelt durch Walpurgis, die Dienerin Marina's.

Das Mädchen sprach mit ihrem Kober bei der

Freundin ihrer Herrin ein, wenn sie des Morgens ausging, um häusliche Bedürfnisse einzukaufen, und huschte eben so dorthin, wenn die Dämmerung sich niedergesenkt hatte auf die Straßen der Stadt.

Kaum fiel das irgend Jemand auf, und das um so weniger, indem Niemand wissen konnte, daß der Kober der Magd stets gefüllt in das Haus der Sellner gebracht, leer aber nach Hause zurück getragen wurde.

Am Abende des vierten der verhängnißvollen Tage führte Walpurgis selbst den kleinen Rodrigo zu der Sellner, und der Knabe wurde vorläufig in ein verstecktes Hinterstübchen gebracht, um dort, weiß Gott aus welchen Gründen, gewissermaßen versteckt zu werden.

Mehr erklärlich war der Grund, weßhalb seine Mutter das unschuldige Kind von sich gab.

Die Zeit nahte heran, in welcher sie „lieb und gut" gegen den Rathsherrn Romberger sein sollte, und alle Welt weiß, wie höchst hinderlich die liebe Unschuld ist, wenn verständige und erwachsene Personen beabsichtigen, sich lieb und gut zu sein.

Die kleinen Würmer, ob ächte, oder imitirte Stiefkinderchen, es bleibt sich das gleich, weichen und wanken nicht, sie passen auf, mit einer Aufmerksamkeit, die einer bessern Sache würdig wäre, und ihr Mittheilungstrieb, vulgo das Lallen der kindlichen Unschuld, hat später schon manchem Manne und mancher Frau höchst widerwärtige Verdrießlichkeiten bereitet.

Unnöthig ist es, dies weiter zu entwickeln, wie gesagt, aller Welt ist das bekannt, und da Donna Marina ohne Zweifel auch ihre Erfahrungen hatte, so entfernte sie, Rombergers wegen, ihren kleinen Liebling.

Was uns betrifft, so wissen wir das bestimmt, Romberger selbst hatte keine Ahnung von dieser Vorsicht Marina's, und sicher wäre er entzückt gewesen über ihre kluge Fürsorge, aber Marina wollte ihm eine Ueberraschung bereiten, was sie ungemein liebte.

Weniger entzückt wäre aber vielleicht der Raths-herr gewesen, wenn er erfahren hätte, daß Marina, während für ihn ihr Haus geschlossen war, dennoch männliche Besuche erhielt, und das sogar zu nacht-schlafender Zeit.

Ja, die Besuche, welche sich bei der Stroh-wittwe einfanden, konnten fast eine Gesellschaft ge-nannt werden, denn nach Einbruch der Nacht, des-selben vierten Tages, an welchem der kleine Rodrigo zu Frau Sellner gebracht wurde, finden wir, neben

Walpurgis, der Gürtelmagd Marina's, noch vier Männer in der Stube der Letzteren versammelt.

Es waren vier ziemlich verdächtig aussehende Kerle, Herren, wie man heute zu sagen liebt, welche sich indessen äußerst höflich und unterwürfig gegen die Frau des Hauses bezeigten, und welche wir sofort dem geehrten Leser vorstellen, uns dabei indessen nur ihrer Vornamen bedienen wollen, da für unsere Zwecke nur diese nöthig.

Wir beginnen mit Hans, einem gedienten Soldaten, der sich indessen in das Privatleben zurückgezogen, und aus seinen früheren Kriegsfahrten mancherlei nützliche Kunstgriffe und artige Praktiken mit in das bürgerliche Leben genommen hatte.

Der Zweite nannte sich Heinrich, war aber unter dem Namen „der krumme Heiner" bekannt, obgleich er ein vollkommen gerade gewachsener, robuster Bursche war. Seiner eigenen Aussage nach war sein Gewissen rein, und auf dem Rücken trug er ein Brandmaal, welches man ihm in einer fremden, fernen Landschaft aufgebrannt hatte. Das Wappen der Stadt indessen, in welcher ihm das geschehen, war vollständig unkenntlich, und da sein Charakter bescheiden und anspruchslos war, machte er wenig Wesen von der Sache, und bedeckte das Maal stets mit seiner Jacke.

Gewissermaßen Contraband in der Stadt war
Georg, der Dritte, da er früher auf der Grenze
gestäupt und des Landes verwiesen war. Der
wohlthätige Schleier der Nacht gestattete ihm aber,
für heute wenigstens, diesen Bann zu brechen, und
zugleich mit seinen früheren guten Freunden bei
Donna Marina sich einzufinden.

Der Letzte der Gesellschaft war Mathias, ein
Fleischerknecht und der Bruder Walpurgis'. Er
war weder gebrandmarkt, noch gestäupt und des
Landes verwiesen worden, und eigentlich ein solides
und langweiliges Subjekt, was schon daraus her-
vorging, daß er, ehe sich die drei vorher Genannten
eingefunden hatten, zu seiner Schwester sagte:

„Ich hätte mich gar nicht darauf eingelassen,
die drei Strolche zusammen zu trommeln, wenn
Deine Frau nicht so herzensgut wäre, und Dir
versprochen hätte, ihr Lebenlang Dich bei sich zu
behalten.“

Das Gespräch, welches unter den Anwesenden,
bevor wir sie dem geehrten Leser vorstellten, statt-
gefunden hatte, geht mit ziemlicher Klarheit aus
den Worten hervor, welche jetzt Donna Marina
an die vier Männer richtete. Sie reichte jedem
derselben eine gute Anzahl von Goldstücken, und
sagte:

„Das Doppelte erhaltet Ihr noch heute, wenn
Ihr meinen lieben Herrn Xaramillo gesund und
wohlbehalten an den Kreuzweg bringt, wo die
Maria=Eiche steht."

Wir schalten hier ein, daß Romberger dies
schöne Geld ebenfalls hätte verdienen können, wäre
sein Gewissen, als städtischer Beamter, nicht allzu
strenge gewesen.

Donna Marina aber fuhr fort:

„Da Ihr aber sagtet, daß Euerer Drei hin=
reichen würden, meinen Herrn frei zu machen, so
nehme ich Mathias mit mir, und erwarte Euch,
mit ihm und den Pferden, bei der Maria=Eiche.
Gedenket des Lohnes, der Euerer wartet, vergießt
aber kein unnöthiges Blut!"

„Dem Knechte des Eisenmeisters wird kein
Haar gekrümmt, erwiderte Georg, denn er hält zu
uns, und hilft Euerem Herrn aus dem Loche. Wenn
aber der Eisenmeister einfältig genug ist aufzu=
wachen, so werde ich ihm zum ewigen Schlafe ver=
helfen, denn er steht noch von früher her auf
meinem Kerbholze."

Donna Marina zog die Schulter, nickte aber
bejahend mit dem Haupte. Sie hatte, als Sol=
datenfrau, so viele Leute todt machen sehen, daß
es ihr auf diesen einen Eisenmeister auch nicht

besonders ankam, da es galt, ihren Mann vom
Galgen zu retten.

Die Männer entfernten sich nun, Mathias, um
die bereits vor die Stadt gebrachten Pferde bereit
zu halten, bis Donna Marina nachkommen würde,
die andern Drei, um zu rechter Zeit ans Werk zu
gehen.

Was die Aufgabe der treuen Walpurgis betraf,
so war sie einfach die folgende:

Sie sollte sich und den kleinen Rodrigo so
lange im Hause der Sellner versteckt halten, bis
Xaramillo und Donna Marina irgendwo einen
sicheren Unterschlupf gefunden haben würden, und
dann, nach gesendeter Botschaft, mit dem Knaben,
und den ebenfalls bei der Sellner geborgenen
Juwelen und dem Golde ihrer Herrschaft, sich bei
dieser einfinden.

Es war aber nicht nöthig, ihr diese ihr zuge=
theilte Rolle nochmals zu wiederholen, da sie voll=
ständig mit derselben vertraut war, sie beschäftigte
sich daher jetzt nur damit, ihrer Herrin behülflich
zu sein, männliche Kleidung anzulegen, und dann
verließen sie Beide still und schweigend das Haus
und schlugen draußen, sich trennend, verschiedene
Wege ein.

Es erhellt aus diesen zuletzt erzählten Vorgän=

gen zur Genüge, daß Donna Marina mit ihren
Versprechungen den Rathsherrn Romberger ein
wenig an der Nase herum geführt hatte.

Ob indessen ihr keckes Unternehmen gelang, ob
sie ihren lieben Herrn wohlbehalten am Kreuzwege
traf, und so weiter, kann einmal der beliebten „Span=
nung" wegen, und auch anderer Dinge halber, hier
nicht erzählt werden.

Der liebe und geehrte Leser wird aber das, und
noch außerordentlich viel schönere Sachen, im zweiten
Bande finden, weshalb wir ihn dringend bitten,
denselben sofort aus der Leihbibliothek holen zu
lassen.

Ende des ersten Bandes

16*

August Preuß in Cöthen.